JAHRGANGSSTUFENTEST REALSCHULE 2012

Original-Tests mit Lösungen

Mathematik 6. Klasse

Bayern

2007–2011

STARK

Bildnachweis
Umschlagbild/S. 1: © Markus Imorde/Photocase.com
S. 61: © Michal Zacharzewski/www.sxc.hu
S. 107: © James Moore

ISBN 978-3-89449-811-5

© 2011 by Stark Verlagsgesellschaft mbH & Co. KG
7. neu bearbeitete und ergänzte Auflage
www.stark-verlag.de

Das Werk und alle seine Bestandteile sind urheberrechtlich geschützt. Jede vollständige oder teilweise Vervielfältigung, Verbreitung und Veröffentlichung bedarf der ausdrücklichen Genehmigung des Verlages.

Inhalt

Vorwort an die Schüler
Vorwort an die Eltern
Bewertung des Jahrgangsstufentests

Grundwissen mit Übungsaufgaben und Lösungen		**1**
1	**Addition und Subtraktion in ℕ**	2
2	**Multiplikation und Division in ℕ**	4
3	**Anwenden der Regel „Klammer vor Punkt vor Strich"**	6
4	**Anwenden der Rechengesetze**	8
4.1	Assoziativgesetz	8
4.2	Kommutativgesetz	9
4.3	Distributivgesetz	10
4.4	Vermischte Aufgaben zu den Rechengesetzen	13
5	**Text-/Sachaufgaben**	14
6	**Größen**	16
6.1	Geld	16
6.2	Gewicht/Masse	17
6.3	Länge	18
6.4	Flächen	19
6.5	Volumen/Rauminhalt	21
6.6	Zeit	23
7	**Rechnen mit Größen**	26
7.1	Rechnen mit Geld	26
7.2	Rechnen mit Gewichten	28
7.3	Rechnen mit Längen	29
7.4	Rechnen mit der Zeit	30
8	**Arbeiten mit dem Maßstab**	32
9	**Gleichungen und Ungleichungen**	34
9.1	Lösen von Gleichungen	34
9.2	Aufstellen von Gleichungen	36
9.3	Lösen von Ungleichungen	38
9.4	Aufstellen von Ungleichungen	39
10	**Teilbarkeit**	41
10.1	Teilbarkeitsregeln	41
10.2	Teilermengen	41
10.3	Vielfachenmengen	42
10.4	Bestimmung des kleinsten gemeinsamen Vielfachen (kgV)	43
10.5	Bestimmung des größten gemeinsamen Teilers (ggT)	44
11	**Geometrische Grundbegriffe**	45
11.1	Wiederholung der Grundbegriffe	45
11.2	Senkrechte und parallele Geraden	48

Fortsetzung siehe nächste Seite

12	**Ebene Figuren**	**49**
12.1	Eigenschaften von Rechteck und Quadrat	50
12.2	Umfang ebener Figuren	51
12.3	Flächeninhalt ebener Figuren	52
13	**Räumliche Figuren**	**55**
13.1	Netz und Schrägbild/Raumbild von Quader und Würfel	55
13.2	Volumen/Rauminhalt räumlicher Figuren	56
13.3	Oberfläche von Würfel und Quader	57
14	**Daten und Zufall**	**60**
14.1	Absolute Häufigkeit	60
14.2	Diagramme	60
14.3	Zufallsversuche	61
15	**Lösungen**	**65**

Original-Tests 107

BMT 2007	2007-1
Lösungen	2007-6
Jahrgangsstufentest 2008	2008-1
Lösungen	2008-7
Jahrgangsstufentest 2009	2009-1
Lösungen	2009-6
Jahrgangsstufentest 2010	2010-1
Lösungen	2010-6
Jahrgangsstufentest 2011	2011-1
Lösungen	2011-7

Autorin:
Nicole Merker

Vorwort an die Schüler

Liebe Schülerin, lieber Schüler,

dieses Buch unterstützt dich bei der Vorbereitung auf den **Jahrgangsstufentest** (früher Bayerischer Mathematik-Test genannt, kurz BMT) in der Jahrgangsstufe 6. Es bietet dir die Möglichkeit, alle wichtigen Grundlagen aus dem Grundschulunterricht und der 5. Klasse zu wiederholen und das Lösen von Testaufgaben gezielt zu trainieren.

In jedem Kapitel wird zunächst das erforderliche **Grundwissen** aus den einzelnen Themengebieten zusammengefasst und mithilfe von **Beispielen** erläutert. Anhand der nachfolgenden, nach Schwierigkeitsgrad gestaffelten **Übungsaufgaben** kannst du deine Kenntnisse festigen und dich mit den verschiedenen Aufgabenstellungen vertraut machen. Solltest du mit einer Aufgabe Schwierigkeiten haben, dann arbeite den zugehörigen Erklärungsteil und die Beispiele noch einmal gründlich durch und versuche erneut, die Aufgabe zu lösen. Damit du deine Ergebnisse selbstständig kontrollieren kannst, gibt es zu allen Übungsaufgaben **vollständige Lösungen**.

Am Ende des Buches findest du die **Original-Testaufgaben** der Jahre 2007 bis 2011 mit **ausführlich kommentierten Lösungen mit zahlreichen Tipps und Hinweisen**. Hier kannst du dein Wissen sozusagen „unter Testbedingungen" prüfen.

Du wirst sehen: Je mehr du übst, desto leichter wird dir das Lösen der Aufgaben fallen und desto sicherer wirst du dich fühlen!
Ich wünsche dir viel Freude bei der Arbeit mit diesem Buch und viel Erfolg beim Jahrgangsstufentest.

Nicole Merker

Vorwort an die Eltern

Liebe Eltern,

das sichere Beherrschen des Mathematikstoffs bis zur 5. Klasse ist eine unentbehrliche Grundlage für den Mathematikunterricht der nachfolgenden Schuljahre. Ziel des **Jahrgangsstufentests** der Realschule ist es daher, diese wichtigen Kenntnisse und Fähigkeiten zu Beginn der Jahrgangsstufe 6 zu überprüfen und sicherzustellen.

Das vorliegende Buch hilft Ihrem Kind, sich sinnvoll auf die Anforderungen des Jahrgangsstufentests vorzubereiten. Alle **wichtigen Themen** werden anhand von **Beispielen** wiederholt und können mithilfe abwechslungsreicher **Übungsaufgaben** trainiert und vertieft werden. Das Kapitel mit den **Original-Testaufgaben** der letzten Jahre ist speziell für die Vorbereitung auf die besonderen Abläufe und Arbeitsbedingungen im Test gedacht. **Vollständige Lösungen** zu sämtlichen Aufgaben ermöglichen außerdem eine selbstständige und zuverlässige Lernkontrolle.

Durch regelmäßiges Üben soll Ihr Kind immer mehr Sicherheit im Umgang mit den Aufgaben und auch Vertrauen in das eigene Können gewinnen. Achten Sie daher darauf, Ihr Kind durch langsames Steigern des Schwierigkeitsgrades der Aufgaben zu fordern, aber nicht zu überfordern.

Sollten nach Erscheinen dieses Bandes noch wichtige Änderungen im Jahrgangsstufentest 2012 vom Bayerischen Staatsministerium für Unterricht und Kultus bekannt gegeben werden, finden Sie aktuelle Informationen dazu im Internet unter:
www.stark-verlag.de/info.asp?zentrale-pruefung-aktuell

Ihnen und Ihrem Kind wünsche ich viel Erfolg bei der Arbeit mit diesem Buch.

Nicole Merker

Bewertung des Jahrgangsstufentests

Arbeitszeit: 45 Minuten

Korrektur:
- Bei formalen Mängeln soll großzügig verfahren werden.
- Es werden nur ganze Punkte vergeben.
- Bei Aufgaben zum Ankreuzen bedeuten:
2 richtige Antworten:	2 Punkte
2 richtige Antworten, eine falsche Antwort:	1 Punkt
eine richtige Antwort, keine falsche Antwort:	1 Punkt
eine richtige Antwort, eine falsche Antwort:	0 Punkte
sonst:	0 Punkte

Der Notenschlüssel:

Erreichte Punkte	Note
21–16	1
15–13	2
12–10	3
9–7	4
6–4	5
3–0	6

▶ Grundwissen mit Übungsaufgaben und Lösungen

Grundwissen mit Übungsaufgaben: Addition und Subtraktion in ℕ

1 Addition und Subtraktion in ℕ

Das Addieren und Subtrahieren ist dir schon aus der Grundschule bekannt. Hier geht es darum, die Addition und Subtraktion größerer Zahlen zu üben.

So sollst du vorgehen!

Beim Untereinanderschreiben der Zahlen solltest du darauf achten, dass du immer
- die Einer unter die Einer und
- die Zehner unter die Zehner usw. schreibst.

Für den Zehnerübertrag solltest du dir die Ziffern klein notieren, nicht nur merken!

Beispiele

1. alte Methode: von der unteren Zahl zur oberen

$$\begin{array}{r} 12\,395\,498 \\ -\;\;\;5\,912\,014 \\ {\scriptstyle 1} \\ \hline 6\,483\,484 \end{array}$$

neue Methode: obere Zahl minus untere Zahl

$$\begin{array}{r} {\scriptstyle 1\;1\;1} \\ \cancel{1}\cancel{2}\,395\,498 \\ -\;\;\;5\,912\,014 \\ \hline 6\,483\,484 \end{array}$$

2.
$$\begin{array}{r} 8\,925\,874 \\ +\;1\,475\,269 \\ {\scriptstyle 1\;1\;1\;1\;1\;1} \\ \hline 10\,401\,143 \end{array}$$

So kannst du auch vorgehen!

Du kannst auch Zahlen nebeneinander addieren und subtrahieren. Dies bietet den Vorteil, dass du nicht alle Zahlen abschreiben musst, dabei keine Fehler machen kannst und keine Zeit verlierst.

Beispiele

$195\,472\,356 + 261\,663 = 195\,734\,019$

Hilfe: $\;\;\;6\;+\;\;\;\;3\;=\;\;\;\;\;\;\;9$

$\;\;\;\;\;\;\;\;\;56\;+\;\;\;63\;=\;\;\;\;\;{\scriptstyle 1}\;19$

$\;\;\;\;\;\;\;356\;+\;\;663\;=\;\;\;{\scriptstyle 1\,1}\;019$ usw.

$7\,567\,429 - 63\,634 = \;\;\;\;\;7\,503\,795$

Hilfe: $\;\;\;9\;-\;\;\;\;4\;=\;\;\;\;\;\;\;5$

$\;\;\;\;\;\;\;\;\;29\;-\;{\scriptstyle 1}\;34\;=\;\;\;\;\;95$ Hier steht auch der Übertrag! usw.

Setze die Punkte in dem Moment, in dem du mit dieser Zahl rechnest. Achte sorgfältig darauf, die bereits bearbeiteten Ziffern mit einem Punkt zu versehen, damit du diese nicht zweimal zum Rechnen benutzt.

Grundwissen mit Übungsaufgaben: Addition und Subtraktion in ℕ

Das musst du wissen! Das Vorlesen der Zahlen kannst du dir erleichtern, indem du die 1000er-Punkte in den Zahlen setzt.

Beispiele

Lies die Zahlen und vergleiche:
6483484 ⇔ 6.483.484
10401143 ⇔ 10.401.143

Aufgaben

1. a) $2\,594\,725 + 14\,258\,712 =$
   b) $715\,892 + 9\,124\,519 =$
   c) $19\,247\,821 + 298\,723 =$
   d) $1\,478\,256\,914 + 48\,728\,869 =$
   e) $8\,925\,125 + 142\,598 =$
   f) $147\,878\,145 + 41\,478\,854 =$
   g) $5\,678\,349 + 9\,836\,165 =$
   h) $767\,452 + 895\,783 + 98\,372 =$
   i) $83\,812 + 89\,547 + 2\,542 =$
   j) $48\,857 + 1\,934 + 6\,893 =$
   k) $783 + 9\,583 + 95\,858 + 9\,492 =$
   l) $9\,498 + 8\,527 + 9\,651 + 21\,233 =$

2. a) $895\,647 - 489\,567 =$
   b) $56\,127 - 4\,198 =$
   c) $619\,581 - 478\,258 =$
   d) $3\,781\,254 - 956\,897 =$
   e) $58\,614 - 49\,583 =$
   f) $482\,514 - 158\,477 =$
   g) $845\,190\,657 - 7\,003\,512 =$
   h) $762\,749\,609 - 8\,683\,758 =$
   i) $85\,836\,389 - 7\,821\,217 =$
   j) $95\,864 - 47\,514 - 36\,235 =$
   k) $774\,458 - 394\,495 - 321\,845 =$
   l) $741\,583 - 124\,723 - 47\,583 =$
   m) $1\,781\,496 - 56\,893 - 56\,814 - 33\,498 =$

Grundwissen mit Übungsaufgaben: Multiplikation und Division in ℕ

2 Multiplikation und Division in ℕ

Auch diese Rechenart ist dir bereits aus der Grundschule bekannt. Jetzt geht es darum, das Rechnen mit größeren Zahlen zu lernen und zu üben. Achte auf eine saubere und ordentliche Schrift sowie auf das Schreiben in die Kästchen. So kannst du viele Fehler vermeiden. Bei der Multiplikation kannst du dir das Rechnen erleichtern, indem du Rechenvorteile geschickt ausnutzt:

Das musst du wissen!

> Bei der Multiplikation mit einer Stufenzahl kann man einfach die Nullen der Stufenzahl anhängen.

Beispiel

$789 \cdot 10 = 7\,890$; $789 \cdot 100 = 78\,900$; $789 \cdot 1\,000 = 789\,000$; usw.

Das musst du wissen!

> Die Zahl mit weniger Stellen steht bei der Multiplikation besser hinten. Dadurch erhält man weniger Rechenschritte und man spart Zeit und Platz.

Beispiele

```
  23 · 5768              5768 · 23
   1 1 5                  1 1 5 3 6
   1 6 1                  1 7 3 0 4
   1 3 8                       1
   1 8 4                  1 3 2 6 6 4
     1 1
1 3 2 6 6 4
```

Das musst du wissen!

> Eine Zahl mit vielen gleichen Stellen steht bei der Multiplikation besser hinten. Man kann dann die berechnete Zeile abschreiben und muss weniger rechnen.

Beispiele

```
  666 · 562              562 · 666
   3 3 3 0                3 3 7 2       Zeile abschreiben!
   3 9 9 6                3 3 7 2
   1 3 3 2                3 3 7 2
     1 1                     1 1
 3 7 4 2 9 2            3 7 4 2 9 2
```

Das musst du beachten!

> Die Multiplikation einer Zahl mit 1 ergibt immer die Zahl.
> Die Multiplikation einer Zahl mit 0 ergibt immer 0.

Beispiele

$82 \cdot 1 = 82$
$573 \cdot 0 = 0$

Aufgaben

3. a) $36 \cdot 74\,371 =$
   b) $74\,612 \cdot 100 =$
   c) $93\,482 \cdot 0 =$
   d) $893\,472 \cdot 939 =$

e) $243 \cdot 284\,823 =$

f) $905 \cdot 9\,238\,921 =$

g) $84\,882 \cdot 527 =$

h) $20\,329 \cdot 94 =$

i) $6\,278 \cdot 56 =$

j) $734 \cdot 888 =$

k) $78\,567 \cdot 12 =$

l) $9\,922 \cdot 374 =$

m) $9\,595 \cdot 456 =$

n) $9\,059 \cdot 9\,777 =$

o) $454 \cdot 73\,682 =$

Die Division kennst du ebenfalls bereits aus der Grundschule. Bei der Division kannst du dir das Rechnen nur durch das Beherrschen des Einmaleins und durch gutes Kopfrechnen erleichtern. Zwei Grundregeln musst du bei der Division immer befolgen:

Das musst du beachten!

> Man darf auf keinen Fall Dividend und Divisor vertauschen.
> Die Division durch 0 ist nicht erlaubt (nicht definiert).

Beispiele

$81 : 9 = 9$, aber $9 : 81$ ist für dich nicht rechenbar!
$573 : 0 =$ nicht definiert!

Aufgaben

4. a) $21\,504 : 32 =$

   b) $10\,856 : 46 =$

   c) $7\,239 : 57 =$

   d) $9\,724 : 26 =$

   e) $4\,769 : 19 =$

   f) $295\,960 : 35 =$

   g) $13\,230 : 42 =$

   h) $26\,871 : 39 =$

   i) $7\,221 : 87 =$

   j) $16\,378 : 38 =$

   k) $8\,326 : 23 =$

   l) $11\,388 : 146 =$

   m) $206\,296 : 241 =$

   n) $25\,830 : 315 =$

   o) $32\,292 : 897 =$

   p) $18\,144 : 432 =$

   q) $52\,689 : 579 =$

   r) $31\,042 : 374 =$

3 Anwenden der Regel „Klammer vor Punkt vor Strich"

Die Rechenregel „Punkt vor Strich" ist ähnlich wie im Straßenverkehr die Vorfahrtsregel „rechts vor links" die einfachste Regel, weil sie keinerlei Zeichensetzung erfordert.
Auf der anderen Seite ist sie aber auch die schwierigste, weil sie von dir verlangt, selbstständig die Situation zu erkennen und richtig zu rechnen.
Um die Regel nicht aus dem Auge zu verlieren, darfst du die Rechnung nie stur von links nach rechts durchführen, sondern musst immer einen Blick für alle Rechnungen dieser Aufgabe haben. Auch hier gilt: Je mehr du deinen Blick dafür trainierst, umso weniger wirst du gegen diese Regel verstoßen.

Die Rechenregel „Punkt vor Strich" sagt aus:

Das musst du beachten!

> Die Punktrechnungen (Multiplikation und Division) müssen, wenn nicht durch Klammern anders geregelt, immer vor den Strichrechnungen (Addition und Subtraktion) durchgeführt werden.

Die Klammerregel ist einfacher zu befolgen, da hier als Zeichen die Klammern gesetzt werden.

Beispiele

1. $1\,783 + 217 \cdot 3 = 1\,783 + 651 = 2\,434$
2. $639 - 39 : 3 = 639 - 13 = 626$

Die Rechenregel „Punkt vor Strich" könnte durch eine Klammer aufgehoben werden, das Ergebnis wäre ein völlig anderes:

Beispiele

vgl. mit 1 $(1\,783 + 217) \cdot 3 = 2\,000 \cdot 3 = 6\,000$

vgl. mit 2 $(639 - 39) : 3 = 600 : 3 = 200$

Aufgaben

5.
a) $17 + 3 \cdot 12 - 5 =$
b) $39 \cdot 3 - 7 \cdot 6 + 12 =$
c) $12 \cdot 17 - 14 \cdot (13 - 4) =$
d) $137 + 3 \cdot 7 - 7 \cdot 2 =$
e) $444 : 2 + 3 \cdot 6 =$
f) $256 + 17 \cdot 9 - 12 \cdot 18 =$
g) $34 \cdot 9 - 9 \cdot 7 + 7 \cdot 16 =$
h) $225 : 5 + 333 : 3 =$
i) $216 : 8 - 5 \cdot 4 =$
j) $952 : 17 - 7 \cdot 8 =$
k) $300 : 12 - 7 \cdot 3 =$

Grundwissen mit Übungsaufgaben: Anwenden der Regel „Klammer vor Punkt vor Strich"

6.
    a) $1246 : 14 - 9 \cdot 9 =$
    b) $18 \cdot 16 - 12 \cdot 15 =$
    c) $447 \cdot 2 - 80 \cdot 10 =$
    d) $345 \cdot 27 + 8 \cdot 39 =$
    e) $17 + 8 \cdot 15 - 9 \cdot 3 =$
    f) $132 - 9 \cdot 12 + 3 \cdot 7 =$
    g) $88 : 11 + 2 \cdot 5 - 2 \cdot 7 =$
    h) $34 \cdot 28 - 9 \cdot 17 =$
    i) $22 + 8 \cdot 14 - 12 \cdot 7 =$
    j) $182 : 14 + 38 \cdot 27 - 7 \cdot 8 =$
    k) $(22 \cdot 10 - 3) \cdot 2 + 5 =$
    l) $56 \cdot 100 - 12 \cdot 18 =$
    m) $9\,283 - 3 \cdot (34 - 28) \cdot 7 =$
    n) $(789 : 3 - 15) \cdot 2 + 14 =$

7.
    a) $[(546 : 14 + 11) - 9 \cdot 5 + 7] \cdot 2 + 6 =$
    b) $78 \cdot 12 + 99 \cdot 100 - (226 + 14 \cdot 3) =$
    c) $(1\,911 : 13 - 5 \cdot 17) + 3 \cdot 6 - 12 =$
    d) $92 : (3 \cdot 7 - 19) + 18 \cdot 13 =$
    e) $138 \cdot 9 - 12 \cdot (17 - 8 \cdot 2) + 19 \cdot (18 - 3 \cdot 6) =$
    f) $[12 \cdot (34 - 7 \cdot 4) + 28] \cdot 2 - 12 =$
    g) $966 : (7 \cdot 12 - 14 \cdot 5) + 23 \cdot 7 - 8 =$
    h) $593 \cdot (45 \cdot 7 - 315 : 7 - 26 \cdot 10) + 8 \cdot 4 =$
    i) $48 \cdot 7 + (113 - 13 \cdot 6) \cdot 7 - 2 =$
    j) $15 \cdot 25 - 5 \cdot 17 + 12 \cdot 18 - 8 =$
    k) $171 : 19 - 3 \cdot 3 + 12 \cdot 8 =$
    l) $689 - 89 \cdot 5 - 5 \cdot 7 =$
    m) $3\,407 - 1\,407 : 3 - 3 \cdot 18 =$
    n) $2\,275 + 8\,725 : 25 - 5 \cdot 5 =$
    o) $3\,639 : 3 - 3 \cdot 47 + 928 =$

Grundwissen mit Übungsaufgaben: Anwenden der Rechengesetze

4 Anwenden der Rechengesetze

Das Anwenden der Rechengesetze liefert dir meist einen Vorteil beim Rechnen oder einen Zeitvorteil.

4.1 Assoziativgesetz

Das Assoziativgesetz nennt man auch das **Klammergesetz**. Es erlaubt dir, bei der Addition und Multiplikation die Klammersetzung zu verändern, sodass du vorteilhaft rechnen kannst!
Du darfst nicht nur vorhandene Klammern verschieben, sondern auch Klammern hinzufügen, wenn keine Klammern vorhanden sind.
Das Assoziativgesetz darfst du in einer Aufgabe auch mehrmals anwenden, wenn es für dich von Vorteil ist.

Beispiele

1. **(74 723 + 9 562) + 438**

   Das Ergebnis ist nur durch schriftliches Addieren zu ermitteln. Erleichtern kannst du dir die Rechenarbeit, wenn du die Klammern um die Summanden verschiebst:

   74 723 + (9 562 + 438) = 74 723 + 10 000 = 84 723

2. Erlebe nun selbst den Zeit- und Rechenvorteil, indem du die folgende Aufgabe zuerst wie angegeben rechnest und beim zweiten Versuch die Klammer verschiebst.

   912 858 + (87 142 + 958 751)

   Das Ergebnis sollte eine Million neunhundertachtundfünfzigtausendsiebenhunderteinundfünfzig sein.

3. **8 · (125 · 563)**

   Das Ergebnis ist entweder durch schriftliches Multiplizieren zu bestimmen oder durch Verschieben der Klammern:

   (8 · 125) · 563 = 1 000 · 563 = 563 000

   Auf diese Art musstest du nur wissen, dass 8 · 125 = 1 000 ist, und dann die 000 an die 563 anhängen.

4. Die Zeitersparnis kannst du selbst sehen, wenn du folgende Aufgabe erst in ihrer Reihenfolge rechnest und dann durch Klammerverschiebung löst.

   (7 893 · 4) · 25

   Das Ergebnis deiner beiden Versuche sollte siebenhundertneunundachtzigtausenddreihundert sein.

Das musst du beachten!

> Das Assoziativgesetz darfst du auf keinen Fall bei der Subtraktion und Division anwenden!

Grundwissen mit Übungsaufgaben: Anwenden der Rechengesetze

4.2 Kommutativgesetz

Das Kommutativgesetz kennst du wahrscheinlich schon unter dem Begriff **Vertauschungsgesetz**. Es erlaubt dir, die Reihenfolge bei der Addition und Multiplikation zu ändern, sodass du vorteilhafter rechnen kannst.

Beispiele

1. **4 · 7 378 · 25**
   In dieser Reihenfolge ist die Berechnung der Aufgabe aufwändig, leichter geht es mit der Vertauschung der Faktoren:
   4 · 25 · 7 378 = 100 · 7 378 = 737 800

2. Erlebe nun selbst den Zeit- und Rechenvorteil, indem du zuerst wie angegeben rechnest und beim zweiten Versuch die Zahlen vertauschst.
   80 · 89 235 · 125
   Das Ergebnis deiner beiden Versuche sollte achthundertzweiundneunzigmillionendreihundertfünfzigtausend sein.

Das musst du wissen!

Kombinationen, die zu Stufenzahlen führen, solltest du dir einprägen.		
2 · 5 = 10	4 · 25 = 100	8 · 125 = 1000
20 · 5 = 2 · 50 = 100	4 · 250 = 40 · 25 = 1 000	80 · 125 = = 8 · 1 250 = 10 000
2 · 500 = = 20 · 50 = 1 000	40 · 250 = = 400 · 25 = 10 000	800 · 125 = = 80 · 1 250 = 100 000
usw.	usw.	usw.

Beispiele

1. **684 + 975 + 316** wäre relativ aufwändig zu addieren, wenn man einfach von links nach rechts rechnet. Vertauscht man die Summanden, muss man nur mit einer Stufenzahl rechnen.
   684 + 316 + 975 = 1 000 + 975 = 1 975

2. Erlebe nun selbst den Zeit- und Rechenvorteil, indem du zuerst wie angegeben rechnest und beim zweiten Versuch die Zahlen vertauschst.
   5 837 + 3 848 + 4 163 + 6 152
   Das Ergebnis deiner beiden Rechnungen sollte zwanzigtausend sein.

Das musst du beachten!

Auch das Kommutativgesetz darfst du nicht bei der Subtraktion und Division anwenden!

Aufgaben

8. a) 207 + (793 + 2 983) =
   b) 8 482 + (1 518 + 7 825) =
   c) (4 917 + 7 895) + 2 105 =

Grundwissen mit Übungsaufgaben: Anwenden der Rechengesetze

d) $6493 + (3507 + 17849) =$
e) $28143 + (1857 + 479) + 521 =$
f) $(789327 + 439825) + 60175 =$

9. a) $89 + (111 + 297) + 203 =$
   b) $554 + (446 + 937) + 1063 =$
   c) $3812 + (6188 + 4721) + (3279 + 2945) =$
   d) $7666 + (2334 + 8398) + (1602 + 47879) =$
   e) $4325 + (287 + 5675) + (159 + 713) =$
   f) $8774 + 4928 + 226 + 7072 =$
   g) $52132 + (9471 + 7868) + (529 + 88997) =$

10. a) $125 \cdot (8 \cdot 867) =$
    b) $5 \cdot (2 \cdot 25) \cdot (4 \cdot 2398) =$
    c) $(1987 \cdot 125) \cdot (8 \cdot 250) \cdot 4 =$
    d) $(65 \cdot 125) \cdot 2 \cdot (2 \cdot 2 \cdot 200) =$
    e) $(8593 \cdot 250) \cdot (17 \cdot 4) =$
    f) $(4 \cdot 848) \cdot (5 \cdot 3 \cdot 5) =$
    g) $50 \cdot 2 \cdot (2 \cdot 1497) \cdot 5 =$

4.3 Distributivgesetz

Das Distributivgesetz bezeichnet man auch als **Verteilungsgesetz**. Es verbindet eine Punktrechnung mit einer Strichrechnung.

Das musst du wissen!

Einerseits verschafft dir das Distributivgesetz Vorteile, wenn du große Zahlen, die nahe an Stufenzahlen liegen, erhöhst bzw. verminderst, sodass du mit den Stufenzahlen rechnen kannst und am Ende nur noch zwei Produkte addieren bzw. subtrahieren musst.

Beispiele

1. $397 \cdot 16 =$
   $(\mathbf{400 - 3}) \cdot 16 =$
   $\mathbf{400} \cdot 16 - \mathbf{3} \cdot 16 =$
   (hier rechnest du $4 \cdot 16 = 64$ und hängst 00 an: 6 400)
   $6400 - 48 = 6352$

2. $502 \cdot 39 =$
   $(\mathbf{500 + 2}) \cdot 39 =$
   $\mathbf{500} \cdot 39 + \mathbf{2} \cdot 39 =$
   (hier rechnest du $5 \cdot 39 = 195$ und hängst 00 an: 19 500)
   $19500 + 78 = 19578$

3. $998 \cdot 16 =$
   $(\mathbf{1\,000 - 2}) \cdot 16 =$
   $\mathbf{1\,000} \cdot 16 - \mathbf{2} \cdot 16 =$
   (hier rechnest du $1 \cdot 16 = 16$ und hängst 000 an: 16 000)
   $16000 - 32 = 15968$

4. $1\,004 \cdot 67 =$
$(1\,000 + 4) \cdot 67 =$
$1\,000 \cdot 67 + 4 \cdot 67 =$
(hier rechnest du $1 \cdot 67 = 67$ und hängst 000 an: 67 000)
$67\,000 + 268 = 67\,268$

Man kann das Distributivgesetz auch in der „anderen Richtung" benutzen.

Das musst du wissen!

> Das Distributivgesetz erspart dir andererseits, Multiplikationen mit demselben Faktor mehrmals hintereinander durchzuführen bzw. mehrere Divisionen mit demselben Divisor durchzuführen.

Beispiele

1. $15 \cdot 17 + 22 \cdot 17 + 13 \cdot 17 =$
$(15 + 22 + 13) \cdot 17 =$
$(37 + 13) \cdot 17 =$
$50 \cdot 17 = 850$

2. $168 \cdot 87 - 78 \cdot 87 - 80 \cdot 87 =$
$(168 - 78 - 80) \cdot 87 =$
$(90 - 80) \cdot 87 =$
$10 \cdot 87 = 870$

3. $182 : 13 - 156 : 13 + 104 : 13 =$
$(182 - 156 + 104) : 13 =$
$(26 + 104) : 13 =$
$130 : 13 = 10$

4. $624 : 24 + 288 : 24 - 432 : 24 =$
$(624 + 288 - 432) : 24 =$
$(912 - 432) : 24 =$
$480 : 24 = 20$

Statt drei mal zu multiplizieren bzw. dividieren und dann drei Zahlen zu addieren bzw. subtrahieren, musst du nach der Anwendung des Distributivgesetzes nur drei Zahlen addieren bzw. subtrahieren und dann einmal multiplizieren bzw. dividieren.
In dieser Richtung kannst du das Distributivgesetz aber nur anwenden, wenn du eine Summe oder eine Differenz aus mehreren Produkten bzw. Quotienten **mit einem gleichen Faktor** oder **einem gleich bleibenden Divisor** hast.

TIPP

Die Anwendung des Distributivgesetzes bringt dir einen erheblichen Zeitvorteil und erspart dir Rechenfehler.

Aufgaben

11. a) $304 \cdot 12 =$
b) $702 \cdot 17 =$
c) $101 \cdot 36 =$
d) $1\,003 \cdot 14 =$
e) $205 \cdot 9 =$
f) $407 \cdot 18 =$

g) $502 \cdot 13 =$

h) $608 \cdot 4 =$

i) $107 \cdot 15 =$

j) $202 \cdot 16 =$

12. a) $198 \cdot 17 =$

b) $299 \cdot 3 =$

c) $497 \cdot 12 =$

d) $395 \cdot 23 =$

e) $297 \cdot 8 =$

f) $898 \cdot 19 =$

g) $698 \cdot 5 =$

h) $399 \cdot 11 =$

i) $999 \cdot 237 =$

j) $597 \cdot 25 =$

13. a) $17 \cdot 12 + 23 \cdot 12 =$

b) $34 \cdot 38 + 16 \cdot 38 =$

c) $67 \cdot 33 + 33 \cdot 33 =$

d) $29 \cdot 17 + 71 \cdot 17 =$

e) $79 \cdot 49 + 21 \cdot 49 =$

f) $78 \cdot 58 - 68 \cdot 58 =$

g) $234 \cdot 8 - 134 \cdot 8 =$

h) $365 \cdot 11 - 265 \cdot 11 =$

i) $681 \cdot 26 - 481 \cdot 26 =$

j) $95 \cdot 12 - 85 \cdot 12 =$

14. a) $19 \cdot 45 + 56 \cdot 45 + 25 \cdot 45 =$

b) $73 \cdot 14 + 56 \cdot 14 + 71 \cdot 14 =$

c) $53 \cdot 15 + 76 \cdot 15 + 42 \cdot 15 =$

d) $49 \cdot 16 + 88 \cdot 16 + 63 \cdot 16 =$

e) $23 \cdot 67 + 23 \cdot 75 + 23 \cdot 58 =$

f) $1\,456 \cdot 13 - 859 \cdot 13 - 596 \cdot 13 =$

g) $94 \cdot 9 - 57 \cdot 9 - 37 \cdot 9 =$

h) $145 \cdot 18 - 76 \cdot 18 - 59 \cdot 18 =$

i) $674 \cdot 34 - 381 \cdot 34 - 292 \cdot 34 =$

j) $248 \cdot 17 - 135 \cdot 17 - 13 \cdot 17 =$

k) $823 \cdot 3 - 799 \cdot 3 + 76 \cdot 3 =$

l) $346 \cdot 7 - 278 \cdot 7 + 132 \cdot 7 =$

m) $882 \cdot 42 - 189 \cdot 42 + 307 \cdot 42 =$

n) $713 \cdot 14 + 214 \cdot 14 - 827 \cdot 14 =$

o) $865 \cdot 12 + 721 \cdot 12 - 586 \cdot 12 =$

Grundwissen mit Übungsaufgaben: Anwenden der Rechengesetze

4.4 Vermischte Aufgaben zu den Rechengesetzen

Versuche, bei allen Aufgaben vorteilhaft zu rechnen.

Aufgaben

15. a) $17 \cdot 2 + 13 \cdot 2 =$
    b) $22 \cdot 19 + 3 \cdot 22 =$
    c) $333 \cdot 34\,723 =$
    d) $7\,421 \cdot 29 =$
    e) $7\,222 \cdot 9\,654 =$
    f) $55 \cdot 482 =$
    g) $798 \cdot 345 =$
    h) $803 \cdot 487 =$
    i) $7\,265 \cdot 235 - 235 \cdot 265 =$
    j) $4\,785 \cdot 201 =$
    k) $82\,447 \cdot 199 =$
    l) $72\,114 \cdot 382 + 7\,886 \cdot 382 =$
    m) $2\,241 : 83 + 249 : 83 =$
    n) $56 \cdot 3\,936 + 144 \cdot 3\,936 =$
    o) $825 \cdot 741 - 725 \cdot 741 =$
    p) $9\,030 \cdot 487 =$
    q) $2\,741 \cdot 1\,999 =$
    r) $4\,155 \cdot 12 - 2\,155 \cdot 12 =$
    s) $1\,914 : 33 - 264 : 33 =$
    t) $3\,276 \cdot 99 =$
    u) $555 \cdot 8\,392 =$

Grundwissen mit Übungsaufgaben: Text-/Sachaufgaben

5 Text-/Sachaufgaben

Bei Sachaufgaben ist es wichtig, den Text so oft zu lesen, bis du weißt, was von dir verlangt wird. Als Hilfe kannst du dir beim zweiten Lesen einen Farbstift nehmen und die Informationen im Text **markieren**.

Das solltest du beachten!

> Schreibe zu den Rechnungen einen kurzen Text, weil die Zahlen alleine nichts aussagen und dir dann auf dem Lösungsweg nicht weiter helfen.

Beispiele

1. Familie Groß fährt mit dem Auto **14 Tage** in den Sommerurlaub. Für die **beiden Zimmer** muss Familie Groß **pro Tag jeweils 36,00 €** bezahlen.
   Wie viel muss Familie Groß für die Unterbringung insgesamt bezahlen?

   Wir wissen: • Dauer: 14 Tage
   • 2 Zimmer zu je 36,00 €

   Rechnung: $14 \cdot 2 \cdot 36 = 28 \cdot 36 = 1\,008$ (€)

   Antwort: Familie Groß muss 1 008 € für die Unterbringung bezahlen.

2. Familie Groß startet morgens um 5.30 Uhr. Die Fahrt dauert 9 Stunden 30 Minuten. Dazu kommen eine Mittagspause von einer Stunde und zwei kurze Toilettenpausen von 15 Minuten.
   Wann kommt Familie Groß am Urlaubsort an?
   Unterstreiche die Informationen im Text.

   Wir wissen: • Start: 5.30 Uhr
   • Reine Fahrtzeit: 9 h 30 min
   • Pausen: Mittagspause 1 h, Toilettenpausen 30 min

   Rechnung: Pausen gesamt: 1 h 30 min
   Fahrtzeit gesamt: 9 h 30 min + 1 h 30 min = 11 h
   Ankunftszeit: 5.30 Uhr dazu 11 h ergibt 16.30 Uhr

   Antwort: Familie Groß kommt um 16.30 Uhr an.

Aufgaben

16. Frau Groß geht gleich nach der Ankunft zum Einkaufen. Sie bringt zwei Packungen Milch zu je 69 Ct, 2 kg Äpfel für 2,99 €, Getränke für 5,70 € und Süßigkeiten für 4,65 € mit.
    Unterstreiche die Informationen im Text.

    a) Welcher Betrag steht auf dem Kassenzettel?
    b) Wie viel Wechselgeld erhält sie, wenn sie mit einem 20-Euro-Schein bezahlt?

17. Frau Teuer kauft in der Stadt für ihre Zwillinge Geburtstagsgeschenke: zwei Regenjacken für je 25 €, einen Teddybären für 29 €, eine Holzeisenbahn für 45 € und einen Spielzeuglastwagen für 32 €.
Wie viel Geld gibt Frau Teuer für ihre beiden Kinder zum Geburtstag aus? Unterstreiche die Informationen im Text.

18. Laura besucht ihre Großeltern und fährt zum ersten Mal alleine mit dem Zug von Augsburg nach Husum. Der ICE benötigt für die Strecke Augsburg-Hamburg 5 Stunden 50 Minuten. In Hamburg muss Laura umsteigen und 20 Minuten auf die Regionalbahn nach Husum warten. Die Regionalbahn benötigt von Hamburg nach Husum 1 Stunde 20 Minuten.
Wann fährt Laura los, wenn sie um 17.20 Uhr in Husum ankommt?

19. Herr Rücker will in seiner Garage 17 Reihen Fliesen mit je 27 Stück verlegen. Dazu kauft er im Fliesenfachhandel ein. Die Fliesen sind immer in Kartons mit 9 Stück verpackt. Ein Karton kostet 4,95 €.
   a) Wie viele Fliesen benötigt Herr Rücker?
   b) Wie viel hat Herr Rücker für die Fliesen bezahlt?

20. Familie Haberfell will ihre neue Wohnung mit hellgelber Farbe streichen. Sie haben ausgerechnet, dass sie 450 m² Wände streichen müssen. Der Verkäufer erklärt ihnen, dass sie für jeweils 90 m² einen 10-Liter-Eimer Farbe für 34 € benötigen.
   a) Wie viele Eimer Farbe müssen sie kaufen?
   b) Wie viel Euro geben sie für die Farbe aus?

Grundwissen mit Übungsaufgaben: Größen

6 Größen

Aus der Grundschule sind dir bereits die Einheiten für das Geld, für die Gewichte, für die Zeitdauer und für Längen bekannt. Die Maßeinheiten für Flächen und Rauminhalte lernst du hier kennen.

Das musst du wissen!

> Jede Größe setzt sich aus einer Maßzahl und einer Maßeinheit zusammen.

Beispiel

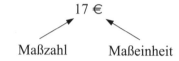

Maßzahl   Maßeinheit

6.1 Geld

Der Umgang mit Geld ist dir aus dem täglichen Leben bereits bekannt. Rechenaufgaben ergeben sich hier von selbst.

Das musst du wissen!

> **Geldeinheiten**: Euro (€/EUR) und Cent (Ct)
> Hier ist die **Umrechnungszahl** 100, d. h. ein Euro hat 100 Cent.

Als Merkhilfe kannst du dir eine Tabelle anlegen:
Wenn du eine Angabe in Cent hast, musst du die Zahl ganz rechts beginnend eintragen. Die Abtrennung zwischen Euro und Cent in der Tabelle zeigt dir die Position des Kommas bei der Angabe in Euro.
Bei einer Angabe in Euro trägst du die Zahlen rechts vom Komma bei den Cent ein, die übrigen Zahlen von rechts nach links bei den Euro.

Aufgaben

21. Ein Beispiel ist gegeben, führe die Übertragung für die anderen Angaben durch.

	Angabe in Euro (€)	Euro				Cent		Angabe in Cent (Ct)
	25,79			2	5	7	9	2579
a)								7 8125
b)	452,28							
c)			1	8	9	2	8	
d)								89 080
e)	3 900,03							
f)		3	7	2	7	1	1	
g)								54 707
h)	94,70							

	Angabe in Euro (€)	Euro				Cent		Angabe in Cent (Ct)
i)				6	5	1		
j)								73 127
k)	12,00							
l)					5	9	0	
m)	172,02							
n)								898
o)		4	1	5	2	2	2	
p)	13							
q)								1 200
r)					3	0	5	
s)	186							
t)								68 728

6.2 Gewicht/Masse

Auch diese Größen kennst du bereits aus der Grundschule, Rechnungen hierzu ergeben sich aus dem täglichen Leben.

Das musst du wissen!

> **Gewichtseinheiten**: t (Tonne), kg (Kilogramm), g (Gramm), mg (Milligramm)
> Das bedeutet: Ein Gramm hat 1 000 Milligramm,
> ein Kilogramm hat 1 000 Gramm und
> eine Tonne hat 1 000 Kilogramm.
> Hier ist die **Umrechnungszahl** 1 000.

Aufgaben

22. Ein Beispiel ist gegeben, führe die Übertragung für die anderen Angaben durch.

	Angabe in	t			kg			g			mg			Angabe in
	43,0102 kg				4	3	0	1	0	2				43 010 200 mg
a)	767,72367 t													g
b)	t			5	6	0	5							kg
c)	t													89 364 kg
d)	kg													8 582 000 g

	Angabe in	t			kg			g			mg			Angabe in
e)	95,9219 t													kg
f)	kg													31 860 021 mg
g)	kg							3	5	5				g
h)	t				3	9								g
i)	kg		7	5	0	2								g
j)	t	1	0	9	5									kg
k)	g							6	7					mg
l)	kg							4	8	9				g
m)	768,73 t													kg
n)	65 623,009 kg													t
o)	848,002 t													kg
p)	8 968 kg													t
q)	2 049,4 kg													g
r)	8 658 238 g													t
s)	g													184 652 mg
t)	kg													58 482 718 mg
u)	t													44 163 854 mg

6.3 Länge

Längen begegnen dir bei der Berechnung von Wegen, zurückgelegten Strecken und Längen (z. B. von Fußleisten).

Das musst du wissen!

> **Längeneinheiten**: mm (Millimeter), cm (Zentimeter), dm (Dezimeter), m (Meter), km (Kilometer)
> Hier ist die **Umrechnungszahl** 10 außer bei der Umrechnung von Metern in Kilometer, da ist sie 1 000.

Das bedeutet:
10 Millimeter entsprechen einem Zentimeter.
10 Zentimeter entsprechen einem Dezimeter.
10 Dezimeter entsprechen einem Meter.
1 000 Meter entsprechen einem Kilometer.

Auch hier kann dir eine Tabelle bei den Umrechnungen behilflich sein. Du kannst sie genauso handhaben wie die Gewichts-/Massentabelle.

Aufgaben

23. Ein Beispiel ist gegeben, führe die Übertragung für die anderen Angaben durch.

	Angabe in	km			m			dm	cm	mm	Angabe in
	170 m				1	7	0	0	0		17 000 cm
a)	959 672,92 m										km
b)	m				9	8	4		4		dm
c)	9 840 001 cm										km
d)	775 047 m										cm
e)	km					4	6	5	0	1	1	mm
f)	m							4	2	5	5	dm
g)	0,84832 km										cm
h)	8 931 m										km
i)	m					8					dm
j)	km				6	0	1	4	3		dm
k)	87 261 m										km
l)	7 127 595 dm										km
m)	m				9	2	5	6	6	4	dm
n)	99 231 m										cm

6.4 Flächen

Im täglichen Leben begegnen dir Flächen bei der Größe einer Wohnung, eines Grundstücks, einer Wand, …

Das musst du wissen!

Flächeneinheiten: mm² (Quadratmillimeter), cm² (Quadratzentimeter), dm² (Quadratdezimeter), m² (Quadratmeter), a (Ar), ha (Hektar), km² (Quadratkilometer)
Hier ist die **Umrechnungszahl** 100 = 10².

TIPP

- Nachdem du die Berechnung des Flächeninhalts von Rechteck und Quadrat gelernt hast, kannst du dir die Umrechnungszahl 100 für Flächen leicht merken, wenn du daran denkst, dass sich der Flächeninhalt ergibt, indem man Seite mal Seite rechnet.
- Umrechnungszahl 10 mal Umrechnungszahl 10 ergibt Umrechnungszahl 100.

Grundwissen mit Übungsaufgaben: Größen

Das bedeutet:
1 cm² entspricht 100 mm²
1 dm² entspricht 100 cm²
1 m² entspricht 100 dm²
1 a entspricht 100 m²
1 ha entspricht 100 a
1 km² entspricht 100 ha

Auch hier kann dir eine Tabelle bei den Umrechnungen behilflich sein: Du kannst sie genauso handhaben wie die Gewichts-/Massentabelle und die Längentabelle.

Aufgaben

24. Ein Beispiel ist gegeben, führe die Übertragung für die anderen Angaben durch.

	Angabe in	km²	ha	a	m²	dm²	cm²	mm²	Angabe in
	93 145 a	9	3	1	4	5			931,45 ha
a)	ha	4		2	2	5	5		dm²
b)	a								23 884 500 cm²
c)	9 291 m²								ha
d)	a				3	9	2		m²
e)	m²					6	7 8	3 3	cm²
f)	m²		3	5	2	4			ha
g)	dm²			2	3 9	0 2	1		m²
h)	9,384813 km²								a
i)	94 929,1 ha								km²
j)	45,887 a								dm²
k)	3 492 901 dm²								ha
l)	7 104 021 cm²								a
m)	mm²					5	3 2	4 9	m²
n)	cm²					3 5	7 2	1	dm²
o)	a	9	4 6	6 4	3 4				km²
p)	m²				5	7 9	2 1		cm²
q)	dm²					3 7	1 5		mm²
r)	a			3	4 6	9 4	3		dm²

	Angabe in	km²	ha	a	m²	dm²	cm²	mm²	Angabe in
s)	8 658 m²								a
t)	2 423 ha								km²
u)	96 598 a								m²
v)	785,928 ha								m²
w)	8,923 a								dm²

6.5 Volumen/Rauminhalt

Dieses Maß benutzt man z. B. zum Kaufen von Holz und Baustoffen.

Das musst du wissen!

> **Volumeneinheiten**: mm³ (Kubikmillimeter), cm³ (Kubikzentimeter), dm³ (Kubikdezimeter), m³ (Kubikmeter)
> Hier ist die **Umrechnungszahl** $1\,000 = 10 \cdot 10 \cdot 10 = 10^3$.

Das bedeutet:
1 cm³ entspricht 1 000 mm³
1 dm³ entspricht 1 000 cm³
1 m³ entspricht 1 000 dm³

Aufgaben

25. Ein Beispiel ist gegeben, führe die Übertragung für die anderen Angaben durch.

	Angabe in	m³			dm³			cm³			mm³			Angabe in
	4,6123 m³			4	6	1	2	3						4 612 300 cm³
a)	7,74737 dm³													mm³
b)	45,8481 m³													cm³
c)	9 390,393 cm³													dm³
d)	723,8548 dm³													cm³
e)	598 492 mm³													dm³
f)	m³			9	4	6	7	2						cm³
g)	m³					9	5	3	5	9				dm³
h)	dm³					8	2	5	7	4				cm³
i)	858,829 dm³													cm³
j)	28,581 m³													dm³
k)	438,58 dm³													m³

Grundwissen mit Übungsaufgaben: Größen

	Angabe in	m³			dm³			cm³			mm³			Angabe in
l)	dm³						5		7	1		6		cm³
m)	m³					9	6	2	5					cm³
n)	dm³							6		1	5			mm³
o)	cm³					2	7	2	6	8	0			m³
p)	75,838 m³													cm³
q)	6 883,786 cm³													mm³
r)	396 578 283 mm³													dm³
s)	dm³					8	5	2	4	5				cm³

Das musst du wissen!

Sind in **Körpern** wie z. B. einem Glas, einem Fass oder einem Schwimmbecken, Flüssigkeiten enthalten, so verwendet man hier folgende **Volumeneinheiten**:
hl (Hektoliter), ℓ (Liter), $c\ell$ (Zentiliter) und $m\ell$ (Milliliter).

Das bedeutet:
1 $h\ell$ entspricht 100 ℓ
1 ℓ entspricht 100 $c\ell$ oder 1 000 $m\ell$
1 $c\ell$ entspricht 10 $m\ell$

Für die Umrechnung zwischen den Volumeneinheiten bedeutet das:
1 ℓ entspricht 1 dm³
1 $c\ell$ entspricht 10 cm³
1 $m\ell$ entspricht 1 cm³

Aufgaben

26. Ein Beispiel ist gegeben, führe die Übertragung für die anderen Angaben durch.

	750 $m\ell$ =	750 cm³	75 $c\ell$	0,75 ℓ =	0,75 dm³
a)	8 900 $m\ell$ =	cm³	$c\ell$	ℓ =	dm³
b)	$m\ell$ =	cm³	450 $c\ell$	ℓ =	dm³
c)	$m\ell$ =	cm³	$c\ell$	2,23 ℓ =	dm³
d)	$m\ell$ =	250 cm³	$c\ell$	ℓ =	dm³
e)	$m\ell$ =	cm³	$c\ell$	ℓ =	1 700 dm³
f)	500 $m\ell$ =	cm³	$c\ell$	ℓ =	dm³
g)	$m\ell$ =	cm³	$c\ell$	0,45 ℓ =	dm³

	$m\ell=$	cm^3	$c\ell$	$\ell=$	dm^3
h)	$m\ell=$	cm^3	800 $c\ell$	$\ell=$	dm^3
i)	$m\ell=$	cm^3	$c\ell$	16 $\ell=$	dm^3
j)	14 000 $m\ell=$	cm^3	$c\ell$	$\ell=$	dm^3
k)	$m\ell=$	17 000 cm^3	$c\ell$	$\ell=$	dm^3
l)	$m\ell=$	cm^3	32 $c\ell$	$\ell=$	dm^3
m)	$m\ell=$	cm^3	$c\ell$	4,55 $\ell=$	dm^3
n)	$m\ell=$	cm^3	$c\ell$	$\ell=$	890 dm^3
o)	2 800 $m\ell=$	cm^3	$c\ell$	$\ell=$	dm^3
p)	$m\ell=$	cm^3	6 000 $c\ell$	$\ell=$	dm^3

6.6 Zeit

Hier gibt es **keine feste Umrechnungszahl**, du musst immer in die nächstkleinere Einheit umrechnen. Eine Umrechnungstabelle hilft dir hier nicht weiter!

Das musst du wissen!

> **Zeiteinheiten**: d (Tage), h (Stunden), min (Minuten), s (Sekunden)

Hier gilt:
1 d hat 24 h (1 Tag hat 24 Stunden)
1 h hat 60 min (1 Stunde hat 60 Minuten)
1 min hat 60 s (1 Minute hat 60 Sekunden)

Aufgaben

27. Wandle in die in Klammern angegebene Einheit um:
a) 2 d 12 h (h) =
b) 16 h 56 min (min) =
c) 43 h 27 min 12 s (s) =
d) 6 d (h) =
e) 3 d 23 h (h) =
f) 4 h 45 min (min) =
g) 1 d 14 h 13 min (min) =
h) 58 min (s) =
i) 4 d 3 h (h) =
j) 17 h 28 min (min) =
k) 6 d 19 h 15 min (min) =
l) 3 h 20 min (min) =
m) 9 h 45 min (min) =
n) 2 d 5 h 30 min (min) =
o) 23 h 54 min (min) =

Grundwissen mit Übungsaufgaben: Größen

28. Wandle, wenn möglich, in Tage (d), Stunden (h), Minuten (min) und Sekunden (s) um:

a) 740 min =

b) 2 260 s =

c) 72 h =

d) 2 250 min =

e) 79 800 s =

29. Wandle in die nächstgrößere und die nächstkleinere Einheit um:

	Nächstgrößere Einheit		Nächstkleinere Einheit
a)		78 500 m²	
b)		86 822 000 cm³	
c)		1 834,46 dm	
d)	73,712 kg		
e)			9 527 000 mm³
f)	5,68281 t		
g)		46 712,50 cm²	
h)		54,78 kg	
i)			880 000 ml
j)	89,77002 m³		
k)		47,002 kg	
l)			775 544 cm
m)		35 244,2 l	
n)	55,8994 ha		
o)	64,235 m		
p)		2 891,72 g	
q)			154 000 mg
r)		885 714 dm	
s)	4,6 t		
t)		67 cl	
u)			354 234 mm
v)		2 564 m²	
w)	9 898 hl		
x)		455,67 dm	

30. Wandle in die angegebene Einheit um:

a)	56,895 kg	g
b)	96 931 284 dm	km
c)	10,589 m³	dm³
d)	234,65 €	Ct
e)	3 d 2 h 25 min	min
f)	2,85 t	kg
g)	848,723 m²	a
h)	9 828 mm	m
i)	391,5 l	hl
j)	8 458 000 mg	kg
k)	293 480 000 cm²	ha
l)	9 392 000 kg	t
m)	25 349,777 dm	mm
n)	2 d 4 h	h
o)	939 400 cl	hl
p)	60 200 m²	km²
q)	203,4 km	m
r)	939,93 m³	dm³
s)	25 949 mm	dm
t)	5 763 000 g	t
u)	848,01 l	cl
v)	793,02 kg	t
w)	5 d 13 h 12 min	min
x)	1,2 ha	m²

7 Rechnen mit Größen

Das musst du beachten!

> Beim Addieren, Subtrahieren, Multiplizieren und Dividieren mit Größen musst du darauf achten, dass du erst alles in dieselbe Einheit umwandeln musst und dann rechnen kannst.

Nachdem du in die gleiche Einheit umgewandelt hast, ist es durchaus sinnvoll, beim Rechnen die Einheiten wegzulassen und sie am Ende der Rechnung wieder **sinnvoll** zu ergänzen.

Man nennt dies eine Termberechnung mithilfe von Maßzahlen.

Beim Multiplizieren und Dividieren musst du dir immer überlegen, in welcher Einheit das Ergebnis angegeben wird.

Das musst du wissen!

> Hierbei kannst du dir als **Grundregel** einprägen:
> Größe · Zahl = Größe   und   Zahl · Größe = Größe
> Größe : Zahl = Größe   und   Größe : Größe = Zahl

Das Rechnen mit Größen ist oft mit Text-/Sachaufgaben verbunden.

7.1 Rechnen mit Geld

Beispiele

Addieren und Subtrahieren:

23,56 € + 1 856 Ct = 2 356 Ct + 1 856 Ct = 4 212 Ct = 42,12 €

8 955 Ct − 23,87 € = 8 955 Ct − 2 387 Ct = 6 568 Ct = 65,68 €

Aufgaben

31. a) 848,23 € + 1 852 Ct =
    b) 5 285 Ct + 14,89 € =
    c) 3 054 Ct + 90,41 € =
    d) 73,98 € + 6 584 Ct =
    e) 85,87 € + 7,85 € =
    f) 47,78 € + 11,92 € =
    g) 39,85 € − 684 Ct =
    h) 78,39 € − 56,34 € =
    i) 102,48 € − 97,85 € =
    j) 612,36 € − 331,76 € =
    k) 9 341 Ct − 23,56 € =
    l) 8 947 Ct − 45,23 € =

Grundwissen mit Übungsaufgaben: Rechnen mit Größen

Beispiele

Multiplizieren und Dividieren:

1. Judith kauft für ihre 3 Geschwister je eine CD zu je 12,34 €
zu Weihnachten.
Wie viel Geld gibt Judith für die Weihnachtsgeschenke aus?

Lösung:
Passender Term:
12,34 € · 3 = 1 234 Ct · 3 = 3 702 Ct = 37,02 €

Maßzahlenterm:
1 234 · 3 = 3 702 = 37,02 (€)

Hier gilt: Größe · Zahl = Größe   und   Zahl · Größe = Größe

Antwort: Judith gibt 37,02 € für die Weihnachtsgeschenke aus.

2. Für eine Wohnanlage kauft Herr Ott im Baumarkt 7 Waschbecken für insgesamt 315,84 €.
Wie viel € kostet ein Waschbecken?

Lösung:
Passender Term:
315,84 € : 7 = 31 584 Ct : 7 = 4 512 Ct = 45,12 €

Maßzahlenterm:
31 584 : 7 = 4 512 = 45,12 (€)

Hier gilt: Größe : Zahl = Größe

Antwort: Ein Waschbecken kostet 45,12 €.

3. Die Klassenfahrt in den Bayerischen Wald kostete für alle Schüler der Klasse 5 065,50 €. Das sind pro Schüler 153,50 €. Wie viele Schüler hat die Klasse?

Lösung:
Passender Term:
5 065,50 € : 153,50 € = 506 550 Ct : 15 350 Ct = 33 (Schüler)

Maßzahlenterm:
506 550 : 15 350 = 506 55 : 1 535 = 33 (Schüler)

Hier gilt: Größe : Größe = Zahl

Antwort: Die Klasse hat 33 Schüler.

Aufgaben

32. Martina kauft für ihre 4 Geschwister Wundertüten für insgesamt 5,56 € ein.
Was kostet eine Wundertüte?

33. Kassandra fährt mit ihren Freundinnen Melanie, Sandra und Katja mit der S-Bahn nach München. Hierfür benötigen sie insgesamt 8 Streifen der roten Streifenkarte zu 90 Ct je Streifen.
Was kostet die Fahrt insgesamt?

34. Felix kauft mit seinem Vater für die Silvesterparty Glücksschweine für insgesamt 14,45 € ein.
Wie viele Personen kommen, wenn jeder ein Glücksschwein für 85 Ct erhält?

Grundwissen mit Übungsaufgaben: Rechnen mit Größen

35. Frau Greich kauft Stoff für 6 Vorhänge im Wohnzimmer ein. Sie gibt dafür 101,70 € aus.
Wie viel kostet ein Vorhang?

36. Herr Zufall kauft für seinen Gartenteich 7 Wasserpflanzen zu je 3,45 € ein.
Wie viel Geld muss er an der Kasse bezahlen?

7.2 Rechnen mit Gewichten

Beispiele

1. 3,34 t + 1 935 kg + 823 kg = (gemeinsame Einheit sind kg!)
   3 340 + 1 935 + 823 = 5 275 + 823 = 6 098 (kg) = 6,098 t

2. Frau Madas kauft 1,2 kg Aprikosen, 500 g Kirschen, 3,5 kg Äpfel und 1,3 kg Bananen ein.
   Wie schwer ist ihr Einkaufskorb?
   1,2 kg + 500 g + 3,5 kg + 1,3 kg = (gemeinsame Einheit sind g!)
   1 200 + 500 + 3 500 + 1 300 =
   = 1 700 + 4 800 = 6 500 (g) = 6,5 kg
   Der Einkaufskorb von Frau Madas wiegt 6,5 kg.

3. 9,56 t − 3 973 kg − 2,51 t = (gemeinsame Einheit sind kg!)
   9 560 − 3 973 − 2 510 = 5 587 − 2 510 = 3 077 (kg) = 3,077 t

4. 1,05 kg · 3 = 1 050 · 3 = 3 150 (g) = 3,15 kg

5. 6,08 kg : 8 = 6 080 : 8 = 760 (g) = 0,76 kg

6. 16,8 kg : 1 400 g = 16 800 : 1 400 = 12
   (Hier steht beim Ergebnis keine Maßeinheit!)

Aufgaben

37. Familie Flodder fährt mit dem Auto in Urlaub. Sabines Koffer wiegt 16,3 kg, Peters Rucksack 17,6 kg, die Reisetasche von Herrn Flodder 12,4 kg, Frau Flodders Koffer 23,6 kg und ihr Kosmetikkoffer 3,5 kg. Dazu kommen das Badezeug mit 6,7 kg, das Boot mit 14,5 kg und der Reservekanister mit 10,1 kg.
Wie schwer ist das Gepäck der Flodders?

38. Ein Kühl-Lkw wird mit 1,8 t Obst, 2 500 kg Milchprodukten und 2,35 t Konservendosen beladen.
Wie schwer ist die Ladung des Lkw?

39. 2,23 kg + 1356 g + 84,45 kg + 6 474 g =

40. 868 942 kg − 1,84 t − 2 376 kg − 9,37 t =

41. Sandrina schleppt einen Einkaufskorb mit 18 Bechern Joghurt nach Hause. Dort stellt sie fest, dass sie mit dem Korb, der 300 g wiegt, 3 kg zu tragen hatte.
Wie viel g wiegt ein Becher Joghurt?

Grundwissen mit Übungsaufgaben: Rechnen mit Größen

42. Markus stellt fest, dass er heute Schulbücher mit einem Gewicht von 3,25 kg dabeihatte.
Wie viele Schulbücher hatte Markus dabei, wenn ein Schulbuch ca. 650 g wiegt?

43.
a) 1,47 kg · 14 =
b) 2,45 g · 4 =
c) 1,25 t · 8 =
d) 2,34 kg : 180 g =
e) 6,23 t : 445 kg =
f) 4,48 kg : 8 =
g) 11,88 t : 18 =
h) 132 kg : 22 kg =

7.3 Rechnen mit Längen

Hier gehst du genauso vor wie beim Rechnen mit Gewichten!

Beispiele

1. 1,2 m + 56 cm + 34 dm + 21 m = (gemeinsame Einheit sind cm!)
120 + 56 + 340 + 2 100 = 176 + 2 440 = 2 616 (cm) = 26,16 m

2. 25,7 km − 7 300 m − 8,4 km + 1 900 m = (gemeinsame Einheit sind m!)
25 700 − 7 300 − 8 400 + 1 900 = 18 400 − 8 400 + 1 900 = 10 000 + 1 900 = 11 900 (m) = 11,9 km

3. 3,9 km · 34 = 3 900 m · 34 = 132 600 (m) = 132,6 km

4. 10,8 km : 1 200 m = (gemeinsame Einheit sind m!)
10 800 : 1 200 = 9

5. 43,5 km : 15 = 43 500 m : 15 = 2 900 m = 2,9 km

Aufgaben

44.
a) 670 m + 1,7 km − 720 dm + 4,5 km − 620 m =
b) 5,6 m − 45 dm + 1 400 cm + 12,4 m − 6,8 dm =
c) 4,5 m : 15 dm =
d) 210,8 dm : 68 cm =

45. An einer 5,7 km langen Straße soll alle 30 m ein Baum gepflanzt werden.
Wie viele Bäume müssen gekauft werden?

46. Vor der Verlegung von Bahnschienen wird alle 50 cm eine Schwelle ins Schotterbett eingelassen.
a) Wie viele Schwellen braucht man für einen 7 km langen Schienenabschnitt?
b) Wie lang ist der Teilabschnitt, den man mit 900 Schwellen bauen kann?

Grundwissen mit Übungsaufgaben: Rechnen mit Größen

47. Ein Nadelbaum wächst im Jahr durchschnittlich 17 cm in die Höhe.

a) Wie alt ist ein 13,6 m (8,5 m; 18,7 m) hoher Baum?

b) Wie hoch ist ein 120 Jahre (150 Jahre; 50 Jahre) alter Baum?

7.4 Rechnen mit der Zeit

Das musst du beachten!

> Beim Rechnen mit der Zeit kommt es nicht nur darauf an, die Zeitdauer zu berechnen, sondern auch darauf, Uhrzeiten zu bestimmen, z. B. eine Abfahrts- oder Ankunftszeit. Dabei musst du auch wieder beachten, dass eine Stunde 60 Minuten hat und jeder Tag 24 Stunden.

Beispiel

Herr Weilert fährt mit dem Auto normalerweise in 48 Minuten zur Arbeit.

a) Wann fuhr Herr Weilert los, wenn er um 9.34 Uhr in der Arbeit ankommt?

b) Herr Weilert fährt um 7.08 Uhr los. Wann kommt er in der Firma an?

Lösung:

a) Hier musst du „rückwärts" rechnen, d. h.:
Von 9.00 Uhr bis 9.34 Uhr sind es 34 Minuten, bleiben noch 14 Minuten. 14 Minuten früher als 9.00 Uhr ist es 8.46 Uhr.

Antwort: Er fuhr um 8.46 Uhr los.

b) Hier kannst du „vorwärts" rechnen:
48 Minuten später als 7.08 Uhr: $48 + 8 = 56 \rightarrow$ 7.56 Uhr

Antwort: Er kommt um 7.56 Uhr in der Arbeit an.

Aufgaben

48. Vom Rosenheimer Platz in München fährt man mit der S-Bahn 32 min nach Holzkirchen.

a) Wann kommt der Zug, der um 18.44 Uhr am Rosenheimer Platz losfährt, in Holzkirchen an?

b) Wann fuhr der Zug, der um 9.23 Uhr in Holzkirchen ankommt, am Rosenheimer Platz los?

49. Sabine hat sich beim Skifahren überlegt, dass sie für eine Gondelfahrt inklusive der Abfahrt mit ihren Skiern 17 Minuten braucht. Der Bus, der die Gruppe wieder nach Hause bringt, startet um 16.30 Uhr auf dem Parkplatz im Tal.

a) Sabine hat sich vorgenommen, nach dem Mittagessen im Tal noch 12-mal nach oben zu fahren. Wann muss sie die Mittagspause beenden, um mit einer kurzen zusätzlichen Pause von 30 Minuten dieses Ziel noch zu erreichen?

b) Wann kommt der Bus wieder zu Hause an, wenn für die Heimfahrt 1 h 45 min gerechnet werden?

50. Die Klassenfahrt der 5. Klasse von Wolfratshausen nach Mauth im Bayerischen Wald gestaltet sich wie folgt: 42 min S-Bahn-Fahrt, 17 min zum Umsteigen, 1 h 34 min Fahrt mit dem Regionalexpress nach Passau, 15 min zum Umsteigen, 48 min Busfahrt von Passau nach Mauth.

   a) Wann fuhr die Klasse los, wenn sie um 12.15 Uhr in Mauth angekommen ist?

   b) Beim Heimfahren startet die Klasse um 9.15 Uhr. Wann kommt sie in Wolfratshausen an?

51. Alexander und seine Mutter schreiben die Einladungen für Alexanders Geburtstagsparty. In 12 Minuten schaffen beide gemeinsam eine Einladung.

   a) Wie lange brauchen die beiden, wenn Alexander 12 Kinder einladen will?

   b) Wann müssen die beiden beginnen, wenn sie um 17.30 Uhr fertig sein müssen?

Grundwissen mit Übungsaufgaben: Arbeiten mit dem Maßstab

8 Arbeiten mit dem Maßstab

Will man Gegebenheiten aus dem Alltag geometrisch darstellen, so kann man diese oft nur auf einem Blatt Papier zeichnen, wenn man die Wirklichkeit verkleinert oder (bei ganz kleinen Bauteilen, die man mit dem bloßen Auge kaum erkennen kann) vergrößert.
Damit dies nicht willkürlich passiert und man die Ergebnisse der Zeichnung wieder auf die Wirklichkeit übertragen kann, benutzt man den **Maßstab**.
Du kennst den Maßstab bestimmt schon von Karten aus dem Fach Erdkunde.

Beispiele

$1:3$	bedeutet:	1 cm in der Zeichnung entspricht ($\hat{=}$) 3 cm in der Wirklichkeit (Verkleinerung)
$3:1$	bedeutet:	3 cm in der Zeichnung $\hat{=}$ 1 cm in der Wirklichkeit (Vergrößerung)
$10:1$	bedeutet:	10 cm in der Zeichnung $\hat{=}$ 1 cm in der Wirklichkeit (Vergrößerung)
$1:1\,000$	bedeutet:	1 cm in der Zeichnung $\hat{=}$ 1 000 cm in der Wirklichkeit
	oder	1 cm in der Zeichnung $\hat{=}$ 10 m in der Wirklichkeit
$1:100\,000$	bedeutet:	1 cm in der Zeichnung $\hat{=}$ 100 000 cm in der Wirklichkeit
	oder	1 cm in der Zeichnung $\hat{=}$ 1 km in der Wirklichkeit

Aufgaben

52. Was bedeuten folgende Maßstäbe? Entscheide, ob eine Vergrößerung oder eine Verkleinerung vorliegt.

	Bedeutung	Verkleinerung/Vergrößerung
a) $1:50\,000$		
b) $2:10\,000$		
c) $5:1$		
d) $1:1\,000\,000$		
e) $1:14\,000$		
f) $1:4\,500\,000$		
g) $1:6\,000\,000$		
h) $1:175\,000$		
i) $1:65\,000$		
j) $1:42\,000$		
k) $1:25\,000$		
l) $1:500\,000$		

53. a) Zeichne ein Zimmer in Form eines Rechtecks mit der Länge 5 m und der Breite 4 m im Maßstab 1:100.

b) Zeichne in das Zimmer eine Balkontür mit einer Breite von 1,20 m und eine 1,00 m breite Zimmertür ein.

c) Zeichne ein Bett mit 1,00 m Breite und 2 m Länge sowie einen Kleiderschrank mit 2,70 m Länge und 70 cm Breite ein.

54. Gegeben ist ein quadratisches Grundstück mit einer Seitenlänge von 30 m.
a) Zeichne das Grundstück im Maßstab 1 : 300.
b) Zeichne in die Mitte des Grundstücks die quadratische Grundfläche eines Hauses mit der Seitenlänge 12 m.
c) Unten (auf den Landkarten ist dort üblicherweise Süden) soll eine Terrasse über die ganze Hauslänge mit einer Breite von 6 m angelegt werden. Zeichne die Terrasse maßstabsgetreu ein.
d) Berechne den Flächeninhalt der Terrasse.
e) Rund um das Haus herum soll ein Weg mit 1,50 m Breite gepflastert werden (außer auf der Südseite). Zeichne diesen Weg maßstabsgetreu ein.

55. Die Gemeinde plant, ein Jugendfreizeitzentrum mit Skaterplatz, Bolzplatz, Basketballplatz und Beachvolleyballfeld anzulegen. Das gesamte Areal ist rechteckig mit den Seitenlängen a = 100 m und b = 150 m.
a) Zeichne das Jugendfreizeitzentrum im Maßstab 1 : 1 000.
b) Berechne, welche Fläche das gesamte Zentrum umfasst, und gib die Fläche in der größtmöglichen Einheit an (siehe Flächenberechnung beim Dreieck).
c) Das ganze Gelände soll mit einem Maschendrahtzaun versehen sein. Berechne die Länge des Maschendrahtzaunes (siehe Umfang beim Rechteck).
d) Der Skaterplatz sollte 50 m lang und 30 m breit sein. Zeichne den Skaterplatz maßstabsgetreu in die linke untere Ecke.
e) Für den Beachvolleyballplatz wird eine 25 m lange und 20 m breite Grube 80 cm tief ausgehoben und mit Sand aufgefüllt. Zeichne den Beachvolleyballplatz maßstabsgetreu in die untere rechte Ecke.
f) Berechne, wie viel Kubikmeter (m3) Sand in die Grube gefüllt werden können (siehe Berechnung des Rauminhalts / Volumens).
g) Der Bolzplatz soll in der oberen linken Ecke 50 m lang und 40 m breit platziert werden. Zeichne den Bolzplatz maßstabsgetreu ein.
h) Der Hartplatz für das Basketballfeld soll oben rechts mit den Abmessungen 40 m auf 30 m angelegt werden. Zeichne das Basketballfeld maßstabsgetreu ein.
i) Auf dem freien Platz in der Mitte der Anlage ist das Jugendhaus mit Umkleiden, Duschen und Gemeinschaftsräumen geplant. Es soll die Abmessungen 10 m und 20 m haben.
j) Berechne den Flächeninhalt der Grundfläche des Jugendhauses.

Grundwissen mit Übungsaufgaben: Gleichungen und Ungleichungen

9 Gleichungen und Ungleichungen

Gleichungen und Ungleichungen werden in der Mathematik benutzt, um Sachaufgaben mathematisch bearbeiten zu können, sodass jeder andere die Lösung nachvollziehen kann. Es ist üblich, bei einer Gleichung die Grundmenge $\mathbb{G}$ anzugeben (diese Menge gibt an, welche Zahlen dir überhaupt zum Lösen der Gleichung zur Verfügung stehen, d. h. welche Zahlen du überhaupt einsetzen darfst). Ist keine Grundmenge angegeben, so gilt: $\mathbb{G} = \mathbb{N}$. Genauso wird die Zahl, die die Gleichung löst, in der Lösungsmenge $\mathbb{L}$ angegeben.

9.1 Lösen von Gleichungen

Prinzipiell solltest du die Gleichungen immer so weit wie möglich vereinfachen und erst zum Schluss die Umkehraufgabe lösen.

Beispiele

1. $3 \cdot x = 12$ $\mathbb{G} = \mathbb{N}$
   $x = 12 : 3$
   $x = 4$ $\mathbb{L} = \{4\}$

2. $x + 5 = 12$ $\mathbb{G} = \mathbb{N}$
   $x = 12 - 5$
   $x = 7$ $\mathbb{L} = \{7\}$

3. $x - 8 = 17$ $\mathbb{G} = \mathbb{N}$
   $x = 17 + 8$
   $x = 25$ $\mathbb{L} = \{25\}$

4. $5 \cdot x + 3 = 23$ $\mathbb{G} = \mathbb{N}$
   $5 \cdot x = 23 - 3$
   $5 \cdot x = 20$
   $x = 20 : 5$
   $x = 4$ $\mathbb{L} = \{4\}$

5. $x : 7 = 5$ $\mathbb{G} = \mathbb{N}$
   $x = 5 \cdot 7$
   $x = 35$ $\mathbb{L} = \{35\}$

6. $x : 3 - 4 = 3$ $\mathbb{G} = \mathbb{N}$
   $x : 3 = 3 + 4$
   $x : 3 = 7$
   $x = 3 \cdot 7$
   $x = 21$ $\mathbb{L} = \{21\}$

Die Gleichungen, die du in der 5. Klasse lösen musst, sind zwar noch nicht so schwierig, dass es für dich unbedingt nötig ist, dieses System zu übernehmen, aber in den folgenden Jahren werden die Gleichungen schwieriger und daher ist es besser, wenn du dir jetzt schon die richtige Vorgehensweise aneignest.

Das sollst du beachten!

> Wichtig dabei ist:
> - Zuerst musst du die Umkehraufgaben zu den Strichrechnungen machen, danach kommen die Punktrechnungen.
> - Arbeite schrittweise, mache immer erst eine Umkehraufgabe und rechne aus, bevor du den nächsten Schritt machst.

Aufgaben

56.
a) $x + 23 = 37$ $\quad \mathbb{G} = \mathbb{N}$
b) $x + 9 = 227$ $\quad \mathbb{G} = \mathbb{N}$
c) $x - 5 = 12$ $\quad \mathbb{G} = \mathbb{N}$
d) $x - 38 = 1\,078$ $\quad \mathbb{G} = \mathbb{N}$
e) $x + 578 = 774$ $\quad \mathbb{G} = \mathbb{N}$
f) $x - 39 = 12$ $\quad \mathbb{G} = \mathbb{N}$
g) $x + 6 = 65$ $\quad \mathbb{G} = \mathbb{N}$
h) $x - 886 = 5$ $\quad \mathbb{G} = \mathbb{N}$
i) $x + 95 = 107$ $\quad \mathbb{G} = \mathbb{N}$
j) $x - 1\,034 = 999$ $\quad \mathbb{G} = \mathbb{N}$
k) $2 \cdot x = 44$ $\quad \mathbb{G} = \mathbb{N}$
l) $x : 4 = 2$ $\quad \mathbb{G} = \mathbb{N}$
m) $7 \cdot x = 91$ $\quad \mathbb{G} = \mathbb{N}$
n) $132 : x = 12$ $\quad \mathbb{G} = \mathbb{N}$
o) $5 \cdot x = 65$ $\quad \mathbb{G} = \mathbb{N}$
p) $x : 8 = 14$ $\quad \mathbb{G} = \mathbb{N}$
q) $15 \cdot x = 180$ $\quad \mathbb{G} = \mathbb{N}$
r) $198 : x = 22$ $\quad \mathbb{G} = \mathbb{N}$
s) $34 \cdot x = 204$ $\quad \mathbb{G} = \mathbb{N}$
t) $x : 7 = 31$ $\quad \mathbb{G} = \mathbb{N}$

57.
a) $2 \cdot x + 8 = 52$ $\quad \mathbb{G} = \mathbb{N}$
b) $3 \cdot x - 19 = 53$ $\quad \mathbb{G} = \mathbb{N}$
c) $x \cdot 77 - 75 = 79$ $\quad \mathbb{G} = \mathbb{N}$
d) $x : 8 - 6 = 11$ $\quad \mathbb{G} = \mathbb{N}$
e) $x : 7 + 18 = 23$ $\quad \mathbb{G} = \mathbb{N}$
f) $x : 14 - 5 = 1$ $\quad \mathbb{G} = \mathbb{N}$
g) $12 \cdot x - 7 = 53$ $\quad \mathbb{G} = \mathbb{N}$
h) $x \cdot 9 + 38 = 101$ $\quad \mathbb{G} = \mathbb{N}$
i) $33 : x + 45 = 48$ $\quad \mathbb{G} = \mathbb{N}$
j) $19 \cdot x + 44 = 158$ $\quad \mathbb{G} = \mathbb{N}$
k) $7 \cdot a - 9 = 33$ $\quad \mathbb{G} = \mathbb{N}$
l) $114 : x + 5 = 24$ $\quad \mathbb{G} = \mathbb{N}$
m) $445 : y - 17 = 72$ $\quad \mathbb{G} = \mathbb{N}$
n) $23 \cdot c + 56 = 125$ $\quad \mathbb{G} = \mathbb{N}$
o) $b : 9 + 12 = 37$ $\quad \mathbb{G} = \mathbb{N}$
p) $221 : x - 12 = 1$ $\quad \mathbb{G} = \mathbb{N}$

Grundwissen mit Übungsaufgaben: Gleichungen und Ungleichungen

9.2 Aufstellen von Gleichungen

Es kommt nicht nur darauf an, Gleichungen lösen zu können, sondern du solltest auch lernen, Gleichungen aus einer Textaufgabe heraus zu erstellen. Dazu solltest du die Begriffe zum Schreiben von Termen wiederholen und lernen:

Das musst du wissen!

Term	Termname	24	2	Rechenzeichen/ Rechenart	Ergebnis
$24+2$	Summe	1. Summand	2. Summand	+ addieren dazuzählen vermehren	26 Wert der Summe
$24-2$	Differenz	Minuend	Subtrahend	− subtrahieren wegnehmen vermindern	22 Wert der Differenz
$24 \cdot 2$	Produkt	1. Faktor	2. Faktor	· multiplizieren vervielfachen malnehmen	48 Wert des Produkts
$24 : 2$	Quotient	Dividend	Divisor	: dividieren teilen	12 Wert des Quotienten
$24^2 = 24 \cdot 24$	Potenz	Basis/ Grundzahl	Exponent/ Hochzahl	potenzieren	576 Wert der Potenz

Beispiele

1. Dividiere ich eine Zahl durch 4 und subtrahiere davon 3, so erhalte ich 9.

    $x : 4 - 3 = 9$
    $x : 4 = 9 + 3$
    $x : 4 = 12$
    $x = 48$
    $\mathbb{L} = \{48\}$

2. Multipliziere ich eine Zahl mit 7 und addiere dazu 9, so erhalte ich 65.

    $x \cdot 7 + 9 = 65$
    $x \cdot 7 = 65 - 9$
    $x \cdot 7 = 56$
    $x = 56 : 7$
    $x = 8$
    $\mathbb{L} = \{8\}$

3. Dividiere ich 105 durch eine Zahl und subtrahiere davon 6, so ist das Ergebnis 9.

    $105 : x - 6 = 9$
    $105 : x = 9 + 6$
    $105 : x = 15$
    $x = 105 : 15$
    $x = 7$
    $\mathbb{L} = \{7\}$

Aufgaben

58. Nachdem du alle Gleichungen aufgestellt und kontrolliert hast, solltest du sie lösen.

a) Addiere ich zu einer Zahl 8, so erhalte ich 45.

b) Subtrahiere ich die gedachte Zahl von 67, so erhalte ich 12.

c) Ich denke mir eine Zahl und subtrahiere davon 99. Das Ergebnis ist 288.

d) Ich bilde die Summe aus einer Zahl und 674. Das Ergebnis ist 973.

e) Multipliziere ich die Zahl mit 35, so erhalte ich 490.

f) Dividiere ich eine Zahl durch 12, so ist das Ergebnis 156.

g) Dividiere ich 301 durch meine gedachte Zahl, so erhalte ich 43.

h) Der Produktwert aus 17 und der gesuchten Zahl ist 51.

i) Multipliziere ich die Zahl mit 5 und addiere dazu 39, so erhalte ich 114.

j) Ich denke mir eine Zahl und dividiere sie durch 9. Zu diesem Quotienten addiere ich 18 und erhalte 216.

k) Dividiere ich 100 durch die gesuchte Zahl und subtrahiere davon 21, so erhalte ich 4.

l) Addiere ich zum Produkt aus 22 und der gesuchten Zahl 8, so erhalte ich 162.

m) Subtrahiere ich 7 vom Produkt aus einer gedachten Zahl und 4, so ist das Ergebnis 181.

n) Dividiere ich 102 durch diese Zahl und subtrahiere vom Ergebnis 3, so erhalte ich 14.

o) Subtrahiere ich von einer gedachten Zahl das Produkt aus 3 und 19, so erhalte ich 45.

p) Verdopple ich die gesuchte Zahl und subtrahiere davon das Produkt aus 6 und 7, so erhalte ich den Quotienten aus 52 und 13.

q) Addiere ich zum Fünffachen einer Zahl 8, so ist das Ergebnis das Doppelte von 39.

r) Subtrahiere ich das Dreifache einer Zahl vom Produkt aus 8 und 9, so erhalte ich als Ergebnis den Quotienten aus 660 und 10.

s) Florian und sein Vater machen eine 4-tägige 240 km lange Fahrradtour. Am ersten Tag legen sie 60 km zurück, am zweiten Tag schaffen sie 90 km und am dritten Tag 70 km. Wie viele Kilometer müssen die beiden am vierten Tag noch zurücklegen?
Erstelle eine passende Maßzahlengleichung.

t) Herr Seifert kauft ein neues Auto für 17 000 €. 11 000 € zahlt er sofort, den Rest zahlt er in 8 gleichen Monatsraten. Wie hoch ist eine Monatsrate?
Erstelle eine passende Maßzahlengleichung.

Grundwissen mit Übungsaufgaben: Gleichungen und Ungleichungen

u) Die Marktfrau Hellmayr hat auf dem Markt für 156 € Salatköpfe verkauft. Die ersten 150 Stück verkaufte sie für 90 Ct, die letzten für 0,70 € pro Stück.
Wie viele Salatköpfe verkaufte sie für 0,70 €?
Erstelle eine passende Maßzahlengleichung.

9.3 Lösen von Ungleichungen

Ungleichungen kannst du nicht durch das Aufstellen der Umkehraufgabe lösen, weil du nicht weißt, wie sich das Ungleichheitszeichen dabei verhält. Deswegen kannst du hier nur eine Lösung durch systematisches Probieren finden.

Beispiele

1. $x + 9 > 23$ $\mathbb{G} = \mathbb{N}$

Setze für x = 4:	$4 + 9 > 23$	Das ist falsch. (f)
Setze für x = 8:	$8 + 9 > 23$	Das ist falsch. (f)
Setze für x = 12:	$12 + 9 > 23$	Das ist falsch. (f)
Setze für x = 16:	$16 + 9 > 23$	Das ist wahr. (w)

Alle Zahlen, die größer sind, liefern wahre Aussagen, aber vielleicht liefert eine Zahl, die kleiner als 16 und größer als 12 ist, noch eine zusätzliche wahre Aussage:

| Setze für x = 15: | $15 + 9 > 23$ | Das ist wahr. (w) |
| Setze für x = 14: | $14 + 9 > 23$ | Das ist falsch. (f) |

Damit liefern alle Zahlen, die größer als 14 sind, wahre Aussagen. Alle Werte für x, die wahre Aussagen liefern, gehören zur Lösungsmenge.

$\mathbb{L} = \{15; 16; 17; 18; \ldots\}$

2. $17 - x > 5$ $\mathbb{G} = \mathbb{N}$

Setze für x = 1:	$17 - 1 > 5$	Das ist wahr. (w)
Setze für x = 2:	$17 - 2 > 5$	Das ist wahr. (w)
Setze für x = 8:	$17 - 8 > 5$	Das ist wahr. (w)
Setze für x = 10:	$17 - 10 > 5$	Das ist wahr. (w)
Setze für x = 11:	$17 - 11 > 5$	Das ist wahr. (w)
Setze für x = 12:	$17 - 12 > 5$	Das ist falsch. (f)

Damit liefern alle Zahlen, die kleiner als 12 sind, wahre Aussagen. Alle Werte für x, die wahre Aussagen liefern, gehören zur Lösungsmenge.

$\mathbb{L} = \{1; 2; 3; 4; 5; 6; \ldots; 11\}$

3. $3 \cdot x < 21$ $\mathbb{G} = \mathbb{N}$

Setze für x = 1:	$3 \cdot 1 < 21$	Das ist wahr. (w)
Setze für x = 5:	$3 \cdot 5 < 21$	Das ist wahr. (w)
Setze für x = 6:	$3 \cdot 6 < 21$	Das ist wahr. (w)
Setze für x = 7:	$3 \cdot 7 < 21$	Das ist falsch. (f)

Damit liefern alle Zahlen, die kleiner als 7 sind, wahre Aussagen. Alle Werte für x, die wahre Aussagen liefern, gehören zur Lösungsmenge.

$\mathbb{L} = \{1; 2; 3; 4; 5; 6\}$

Grundwissen mit Übungsaufgaben: Gleichungen und Ungleichungen

4. $x : 5 + 2 < 13$ $\mathbb{G} = \{5; 10; 15; 20; 25; \ldots\} = V_5$

   Bei dieser Grundmenge darfst du nur die Vielfachen von 5 einsetzen.

Setze für x = 5:	$5 : 5 + 2 < 13$	Das ist wahr. (w)
Setze für x = 10:	$10 : 5 + 2 < 13$	Das ist wahr. (w)
Setze für x = 20:	$20 : 5 + 2 < 13$	Das ist wahr. (w)
Setze für x = 40:	$40 : 5 + 2 < 13$	Das ist wahr. (w)
Setze für x = 50:	$50 : 5 + 2 < 13$	Das ist wahr. (w)
Setze für x = 55:	$55 : 5 + 2 < 13$	Das ist falsch. (f)

   Damit liefern alle Zahlen, die kleiner als 55 sind, wahre Aussagen. Alle Werte für x, die wahre Aussagen liefern, gehören zur Lösungsmenge.

   $\mathbb{L} = \{5; 10; 15; \ldots; 50\}$

Aufgaben

59. a) $22 + x < 30$ $\quad\mathbb{G} = \mathbb{N}$
    b) $45 - x < 26$ $\quad\mathbb{G} = V_5$
    c) $x - 12 \geq 7$ $\quad\mathbb{G} = \mathbb{N}$
    d) $6 \cdot x \leq 32$ $\quad\mathbb{G} = \mathbb{N}$
    e) $x : 4 > 8$ $\quad\mathbb{G} = V_8$
    f) $7 \cdot x + 8 \geq 35$ $\quad\mathbb{G} = \mathbb{N}$
    g) $22 \cdot x + 3 < 48$ $\quad\mathbb{G} = \mathbb{N}$
    h) $5 \cdot x + 3 \leq 17$ $\quad\mathbb{G} = \mathbb{N}_0$
    i) $4 \cdot x - 8 > 24$ $\quad\mathbb{G} = \mathbb{N}$
    j) $x : 3 - 3 < 12$ $\quad\mathbb{G} = V_9$

9.4 Aufstellen von Ungleichungen

Beim Aufstellen von Ungleichungen musst du genauso den Text umsetzen wie beim Aufstellen einer Gleichung.

Das musst du wissen!

> Zusätzlich musst du wissen, dass
> - „**größer als**" oder „**mehr als**" mathematisch das Zeichen > bedeutet,
> - „**kleiner als**" oder „**weniger als**" mathematisch das Zeichen < bedeutet,
> - „**höchstens**" mathematisch das Zeichen $\leq$ und
> - „**mindestens**" mathematisch das Zeichen $\geq$ bedeutet.

Beispiele

1. Addiert man zu einer Zahl 17, so ist das Ergebnis kleiner als 25.

   $x + 17 < 25$ $\quad$ Löse nun die Ungleichung.

   $\mathbb{L} = \{1; 2; 3; \ldots; 7\}$

2. Subtrahiert man von einer Zahl 39, so ist das Ergebnis höchstens 3.

   $x - 39 \leq 3$ $\quad$ Löse nun die Ungleichung.

   $\mathbb{L} = \{1; 2; 3; \ldots; 42\}$

Grundwissen mit Übungsaufgaben: Gleichungen und Ungleichungen

3. Dividiert man eine Zahl durch 3, so ist das Ergebnis größer als 5.

   $x : 3 > 5$ Löse nun die Ungleichung.

   $\mathbb{L} = \{18; 21; 24; \ldots\}$

4. Multipliziert man eine Zahl mit 9, so ist das Ergebnis mindestens 27.

   $x \cdot 9 \geq 27$ Löse nun die Ungleichung.

   $\mathbb{L} = \{3; 4; 5; \ldots\}$

Aufgaben

60. Nachdem du die Ungleichungen aufgestellt und kontrolliert hast, solltest du sie lösen.

a) Subtrahiere ich 16 von der gesuchten Zahl, so ist das Ergebnis kleiner als 9.

b) Addiere ich die gesuchte Zahl zu 77, so ergibt sich mehr als 83.

c) Subtrahiere ich die gesuchte Zahl von 45, so ist das Ergebnis höchstens 19.

d) Addiere ich zu 15 die gesuchte Zahl, so ist das Ergebnis mindestens die fünfte Potenz von 2.

e) Addiere ich 102 zu der gesuchten Zahl, so ist das Ergebnis kleiner als das Quadrat von 12.

f) Subtrahiere ich von der gesuchten Zahl das Produkt aus den Zahlen 11 und 3, so ist das Ergebnis höchstens 37.

g) Das Dreifache der gesuchten Zahl ist kleiner als 25.

h) Dividiere ich die gesuchte Zahl durch 12, so ist das Ergebnis größer als 5.

i) 300 dividiert durch die gesuchte Zahl ist höchstens 10.

j) Multipliziere ich die gesuchte Zahl mit 13, so erhalte ich mindestens 42.

10 Teilbarkeit

Du wirst merken: Wenn du viel übst, wirst du schneller sagen können, welche Teiler infrage kommen.

10.1 Teilbarkeitsregeln

Das musst du wissen!

- Teilbarkeit durch 2: Alle geraden Zahlen sind durch 2 teilbar.
- Teilbarkeit durch 3: Alle Zahlen, deren Quersumme durch 3 teilbar ist, sind durch 3 teilbar.
- Teilbarkeit durch 4: Alle Zahlen, deren letzte beide Ziffern 00 oder eine durch 4 teilbare Zahl sind, sind durch 4 teilbar.
- Teilbarkeit durch 5: Alle Zahlen, die auf 5 oder 0 enden, sind durch 5 teilbar.
- Teilbarkeit durch 6: Alle geraden Zahlen, deren Quersumme eine durch 3 teilbare Zahl ist, sind durch 6 teilbar.
- Teilbarkeit durch 9: Alle Zahlen, deren Quersumme eine durch 9 teilbare Zahl ist, sind durch 9 teilbar.
- Teilbarkeit durch 10: Alle Zahlen, die auf 0 enden, sind durch 10 teilbar.
- Teilbarkeit durch 25: alle Zahlen, die auf 00, 25, 50 oder 75 enden, sind durch 25 teilbar.
- Teilbarkeit durch 100: Alle Zahlen, die auf 00 enden, sind durch 100 teilbar.

10.2 Teilermengen

Das musst du wissen!

In einer Teilermenge stehen all die Zahlen, die eine Zahl teilen. Das erste Element dieser Menge ist immer die Zahl 1, das letzte immer die Zahl selbst.
Als Hilfe kannst du die Pärchen, die miteinander multipliziert die Zahl ergeben, mit Bögen markieren. Ergibt eine Zahl mit sich selbst multipliziert die Zahl der Teilermenge, so hat diese Zahl keinen Partner und steht alleine.

Beispiele

1. $T_{28} = \{1; 2; 4; 7; 14; 28\}$

2. $T_{36} = \{1; 2; 3; 4; 6; 9; 12; 18; 36\}$

Aufgaben

61. a) $T_{18} =$
    b) $T_{64} =$
    c) $T_{24} =$
    d) $T_{52} =$
    e) $T_{68} =$
    f) $T_{72} =$
    g) $T_{38} =$
    h) $T_{75} =$

Grundwissen mit Übungsaufgaben: Teilbarkeit

10.3 Vielfachenmengen

Das musst du wissen!

> Die Elemente einer Vielfachenmenge sind alle Vielfachen der angegebenen Zahl. Da dies unendlich viele sind, ist es üblich, nur die ersten sechs anzugeben und dann die Reihe mit „..." fortzusetzen.

Beispiele

1. $V_2 = \{2; 4; 6; 8; 10; 12; ...\}$
   Dies sind die geraden Zahlen.
2. $V_6 = \{6; 12; 18; 24; 30; 36; ...\}$

Aufgaben

62. a) $V_3 =$
    b) $V_4 =$
    c) $V_5 =$
    d) $V_7 =$
    e) $V_8 =$
    f) $V_9 =$
    g) $V_{10} =$
    h) $V_{11} =$
    i) $V_{12} =$
    j) $V_{13} =$
    k) $V_{14} =$
    l) $V_{15} =$
    m) $V_{16} =$
    n) $V_{17} =$
    o) $V_{18} =$
    p) $V_{19} =$
    q) $V_{20} =$
    r) $V_{24} =$
    s) $V_{36} =$

10.4 Bestimmung des kleinsten gemeinsamen Vielfachen (kgV)

Du kannst das kleinste gemeinsame Vielfache mehrerer Zahlen entweder mithilfe der Vielfachenmengen oder mithilfe der Primfaktorzerlegung der Zahlen bestimmen. Der Weg mithilfe der Primfaktorzerlegung ist systematischer, aber auch schwieriger. Der Weg über die Vielfachenmengen kann bei größeren Zahlen sehr aufwändig sein. Beide Wege werden hier kurz vorgestellt. Du solltest beide verstehen und je nach Aufgabe den geeigneteren anwenden können.

Beispiele

Bestimme das kgV (360; 840).

1. Bestimmung des kgV mithilfe der Primfaktorzerlegung
$360 = 2 \cdot 180 = 2 \cdot 2 \cdot 90 = 2 \cdot 2 \cdot 2 \cdot 45 = 2 \cdot 2 \cdot 2 \cdot 3 \cdot 15 =$
$= 2 \cdot 2 \cdot 2 \cdot 3 \cdot 3 \cdot 5 = 2^3 \cdot 3^2 \cdot 5$
$840 = 2 \cdot 420 = 2 \cdot 2 \cdot 210 = 2 \cdot 2 \cdot 2 \cdot 105 = 2 \cdot 2 \cdot 2 \cdot 3 \cdot 35 =$
$= 2 \cdot 2 \cdot 2 \cdot 3 \cdot 5 \cdot 7 = 2^3 \cdot 3 \cdot 5 \cdot 7$

Bei der Bestimmung des kgV mit Primfaktorzerlegung musst du dir merken, dass du **alle vorkommenden Primfaktoren in ihrer höchsten Potenz** aufschreiben musst.
Das bedeutet hier:
Die höchste Potenz des Primfaktors 2 ist 2^3
Die höchste Potenz des Primfaktors 3 ist 3^2
Die höchste Potenz des Primfaktors 5 ist 5
Die höchste Potenz des Primfaktors 7 ist 7
Also ergibt sich als kgV $(360; 840) = 2^3 \cdot 3^2 \cdot 5 \cdot 7 = 2\,520$.

2. Bestimmung des kgV mithilfe der Vielfachenmengen
Bei der Bestimmung des kgV mit den Vielfachenmengen musst du das Vielfache der Zahlen finden, das bei allen Zahlen auftaucht.
$V_{360} = \{360; 720; 1\,080; 1\,440; 1\,800; 2\,160; \mathbf{2\,520}; \ldots\}$
$V_{840} = \{840; 1\,680; \mathbf{2\,520}; \ldots\}$
Damit ist das kgV $(360; 840) = 2\,520$.

Aufgaben

63.
a) kgV(22; 55)
b) kgV(12; 32)
c) kgV(5; 19)
d) kgV(12; 18; 24)
e) kgV(9; 15)
f) kgV(8; 128)
g) kgV(16; 36)
h) kgV(18; 27)
i) kgV(16; 18)
j) kgV(2; 5; 44)

Grundwissen mit Übungsaufgaben: Teilbarkeit

10.5 Bestimmung des größten gemeinsamen Teilers (ggT)

Das musst du wissen!

> Bei der Bestimmung des größten gemeinsamen Teilers kannst du entweder die Primfaktorzerlegung oder die Teilermengen verwenden.

Beispiele

Bestimme den ggT(360; 840).

1. Bestimmung des ggT mithilfe der Primfaktorzerlegung
$360 = 2 \cdot 180 = 2 \cdot 2 \cdot 90 = 2 \cdot 2 \cdot 2 \cdot 45 = 2 \cdot 2 \cdot 2 \cdot 3 \cdot 15 =$
$= 2 \cdot 2 \cdot 2 \cdot 3 \cdot 3 \cdot 5 = 2^3 \cdot 3^2 \cdot 5$
$840 = 2 \cdot 420 = 2 \cdot 2 \cdot 210 = 2 \cdot 2 \cdot 2 \cdot 105 = 2 \cdot 2 \cdot 2 \cdot 3 \cdot 35 =$
$= 2 \cdot 2 \cdot 2 \cdot 3 \cdot 5 \cdot 7 = 2^3 \cdot 3 \cdot 5 \cdot 7$
Bei der Bestimmung des ggT mit Primfaktorzerlegung musst du dir merken, dass du **alle gemeinsam auftretenden Primfaktoren in ihrer niedrigsten Potenz** aufschreiben musst.
Das bedeutet hier:
Die niedrigste Potenz des Primfaktors 2 ist 2^3
Die niedrigste Potenz des Primfaktors 3 ist 3
Die niedrigste Potenz des Primfaktors 5 ist 5
Der Primfaktor 7 entfällt, da er kein gemeinsamer Primfaktor ist.
Also ergibt sich als ggT(360; 840) = $2^3 \cdot 3 \cdot 5 = 120$

2. Bestimmung des ggT mithilfe der Teilermengen
$T_{360} = \{1; 2; 3; 4; 5; 6; 8; 9; 10; 12; 15; 18; 20; 24; 30; 36; 40; 45; 60; 72; 90; \mathbf{120}; 180; 360\}$
$T_{840} = \{1; 2; 3; 4; 5; 6; 7; 8; 10; 12; 14; 15; 20; 24; 28; 30; 35; 42; 56; 60; 70; 84; 105; \mathbf{120}; 140; 168; 210; 280; 420; 840\}$
ggT(360; 840) = 120
Bei dieser zeitaufwändigen Vorgehensweise musst du aufpassen, dass du keinen Teiler vergisst und keinen Rechenfehler machst.

Aufgaben

64.
a) ggT(45; 90)
b) ggT(22; 33)
c) ggT(63; 84)
d) ggT(24; 36)
e) ggT(27; 63)
f) ggT(65; 182)
g) ggT(30; 45)

11 Geometrische Grundbegriffe

11.1 Wiederholung der Grundbegriffe

Mengenbegriffe

Elemente einer Menge können Zahlen, Buchstaben oder geometrische Formen sein.

Das musst du wissen!

> In der **Schnittmenge** zweier Mengen befinden sich diejenigen Elemente, die sowohl in der einen als auch in der anderen Menge enthalten sind.

Beispiele

$M_1 = \{H; L; O; Z\}$ $M_2 = \{F; H; O; R\}$
$M_1 \cap M_2 = \{H; O\}$
Sprich: „M_1 geschnitten mit M_2"

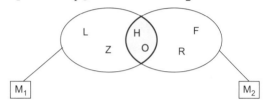

Das musst du wissen!

> In der **Vereinigungsmenge** befinden sich diejenigen Elemente, die in M_1 oder in M_2 enthalten sind. Elemente, die nur einmal vorhanden sind, werden nur einmal angegeben.

Beispiele

$M_1 = \{H; L; O; Z\}$ $M_2 = \{F; H; O; R\}$
$M_1 \cup M_2 = \{F; H; L; O; R; Z\}$
Sprich: „M_1 vereinigt mit M_2"

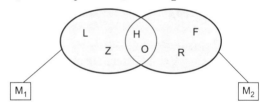

Das musst du wissen!

> Man spricht von einer **Teilmenge**, wenn eine Menge ein Teil einer anderen ist.

Beispiele

$M_1 = \{A; B; C; D; E; F; G; H; I; J; K\}$ $M_2 = \{A; B; C\}$
$M_1 \subset M_2$
Sprich: „M_1 ist Teilmenge von M_2."

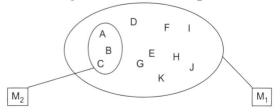

Grundwissen mit Übungsaufgaben: Geometrische Grundbegriffe

Das musst du wissen!

> Eine **Strecke** ist die kürzeste Verbindung zweier Punkte.

Mathematisch geschrieben: [AB]
Sprich: „Die Strecke mit den Endpunkten A und B"

Die Länge einer Strecke kann man messen:
Mathematisch geschrieben: $\overline{AB}$ = ... cm
Sprich: „Die Strecke [AB] ist ... cm lang."

Das musst du wissen!

> Auf einer **Geraden** liegen unendlich viele Punkte, sie hat keinen Anfang und kein Ende. Sie wird durch zwei Punkte eindeutig festgelegt. Geraden werden meist mit kleinen Buchstaben benannt oder man schreibt: AB = g

Die Länge einer Geraden kann man nicht messen, sie ist unendlich.

Das musst du wissen!

> **Halbgeraden** haben einen Anfangspunkt, aber keinen Endpunkt oder umgekehrt.

Mathematisch geschrieben: [CD
Sprich: „Halbgerade mit dem Anfangspunkt C durch D"

Das musst du wissen!

> Beim **Gitternetz** musst du dir hauptsächlich merken, wie die Koordinaten eines Punktes P(x | y) angetragen werden:
> - Zuerst musst du x Einheiten nach rechts gehen,
> - dann musst du y Einheiten nach oben gehen.

Beispiele

Der Punkt A(3|2) wird ins Gitternetz eingetragen:

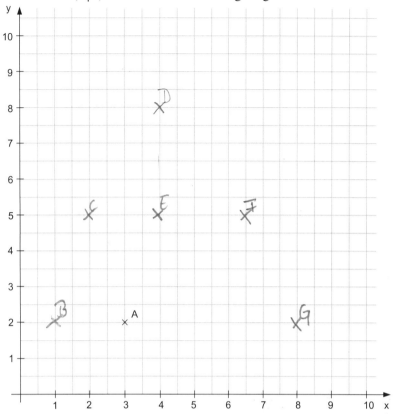

Aufgaben

65. a) Trage folgende Punkte in das obenstehende Gitternetz ein:
B(1|2), C(2|5), D(4|8), E(5|4), F(7|5), G(8|2)

b) Zeichne folgende Punktmengen ein und ergänze, um welche Punktmengen es sich handelt:

[AB		[EG]	
CF		[DF]	

c) Gib die Länge der Strecken [EG] und [DF] an und schreibe dies mathematisch korrekt.

11.2 Senkrechte und parallele Geraden

Das musst du wissen!

- **Senkrechte Geraden:** Die Geraden g und h stehen senkrecht zueinander (kurz: g ⊥ h), wenn sie einen rechten Winkel einschließen.
- **Parallele Geraden:** Zwei Geraden g und h sind parallel zueinander (kurz: g ∥ h), wenn beide Geraden zu einer dritten Geraden senkrecht stehen.

Aufgaben

66. Gegeben sind die Geraden g und h sowie die Punkte P, Q, R und S:

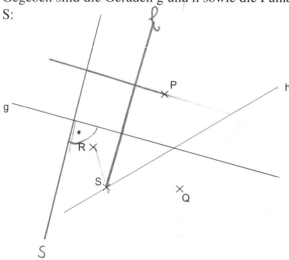

a) Zeichne die Gerade p mit P ∈ p und p ∥ g.
b) Zeichne die Gerade k mit Q ∈ k und k ⊥ h.
c) Zeichne die Gerade s mit R ∈ s und s ⊥ g.
d) Zeichne die Gerade ℓ mit ℓ ∥ s und S ∈ ℓ.

67. Zeichne eine parallele Gerade p zu g durch den Punkt A und eine senkrechte Gerade s zur Geraden k durch den Punkt B.

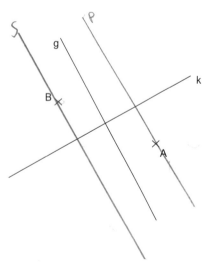

a) Was kannst du über die Lage der Geraden p zur Geraden s aussagen?
b) Gib deine Antwort in mathematischer Schreibweise an.

a)

Antwort: Sie sind parallel

s ∥ g

12 Ebene Figuren

Ebene Figuren sind flach und man kann sie ohne Probleme auf ein Blatt Papier zeichnen und ausschneiden.

Beispiele

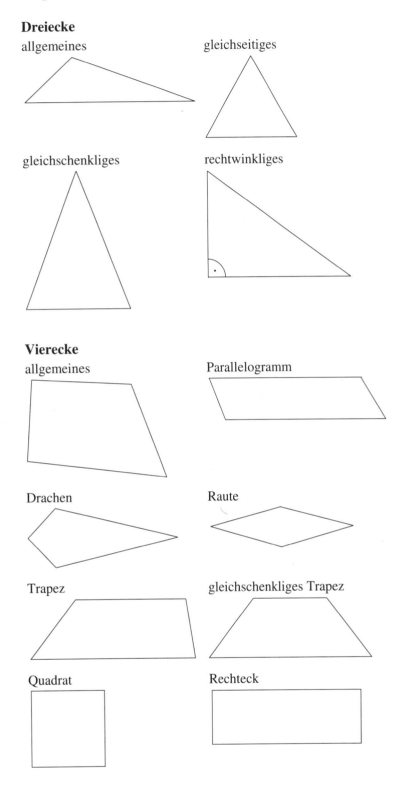

Dreiecke
- allgemeines
- gleichseitiges
- gleichschenkliges
- rechtwinkliges

Vierecke
- allgemeines
- Parallelogramm
- Drachen
- Raute
- Trapez
- gleichschenkliges Trapez
- Quadrat
- Rechteck

Vielecke

Fünfeck   Sechseck

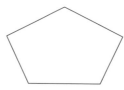 

...

Kreis

12.1 Eigenschaften von Rechteck und Quadrat

Eigenschaften des Rechtecks:
- Bei einem Rechteck sind jeweils die gegenüberliegenden Seiten parallel und gleich lang.
- Benachbarte Seiten stehen senkrecht aufeinander, ein Rechteck besitzt also vier rechte Winkel.
- Die Diagonalen sind gleich lang.
- Die Mittellinien stehen senkrecht aufeinander.
- Die Mittellinien halbieren sich gegenseitig.

Eigenschaften des Quadrats:
Zusätzlich zu den Eigenschaften eines Rechtecks hat ein Quadrat noch folgende Eigenschaften:
- Alle vier Seiten sind gleich lang.
- Die Diagonalen stehen senkrecht aufeinander.
- Die Mittellinien sind gleich lang.

Das sollst du wissen!

> Jedes Quadrat ist ein Rechteck, aber nicht jedes Rechteck ist ein Quadrat.

Aufgaben

68. Zeichne ein Rechteck mit einer 5 cm und einer 7 cm langen Mittellinie.

69. Zeichne ein Quadrat mit einer 4 cm langen Diagonale.

70. Zeichne ein Rechteck mit einer Länge von 6 cm und einer Breite von 4 cm.

12.2 Umfang ebener Figuren

Der Umfang einer ebenen Figur ist die Länge, die dein Finger zurücklegt, wenn du einmal um die Figur herumfährst. Beim Boden eines Zimmers wäre der Umfang die Länge der Fußboden- oder Randleiste!

Das sollst du wissen!

Der Umfang einer ebenen Figur besteht immer aus der Summe ihrer Seitenlängen.

Umfang des Rechtecks:
u = a + b + a + b   oder u = ℓ + b + ℓ + b
u = 2·a + 2·b   oder u = 2·ℓ + 2·b
u = 2·(a+b)   oder u = 2·(ℓ+b)

Umfang des Quadrats:
u = a + a + a + a = 4·a

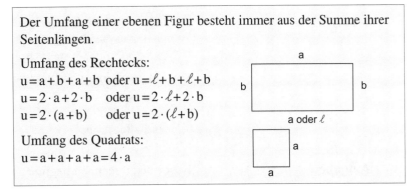

TIPP

Bevor du zu rechnen beginnst, solltest du die Seitenlängen in dieselben Maßeinheiten umwandeln.

Aufgaben

71. a) Berechne den Umfang folgender Quadrate:
    (1) a = 4 cm   *16 cm*
    (2) a = 7 m   *28 cm*
    (3) a = 16 cm   *6 9 cm*
    (4) a = 25 cm
    (5) a = 3,4 cm

    b) Berechne den Umfang folgender Rechtecke:
    (1) a = 2 cm   b = 6 cm
    (2) a = 4 cm   b = 7 cm
    (3) ℓ = 15 mm   b = 2 cm
    (4) ℓ = 2 m   b = 55 dm
    (5) a = 72 cm   b = 1,5 dm

    c) Gegeben ist der Quadratumfang, berechne die Seitenlänge:
    (1) u = 72 cm
    (2) u = 128 cm
    (3) u = 13,6 dm
    (4) u = 6,8 cm
    (5) u = 3,6 dm

    d) Berechne die fehlende Seitenlänge des gegebenen Rechtecks:
    (1) u = 5,8 cm   a = 2 cm
    (2) u = 8 dm   ℓ = 3 cm
    (3) u = 94 cm   b = 1,7 dm
    (4) u = 3,6 m   a = 6 dm
    (5) u = 40 dm   a = 1 m

Grundwissen mit Übungsaufgaben: Ebene Figuren

12.3 Flächeninhalt ebener Figuren

Viele Figuren, deren Flächeninhalt du rechnerisch noch nicht bestimmen kannst, lassen sich zerlegen und zu Rechtecken oder Quadraten neu zusammenfügen, sodass du ihren Flächeninhalt bestimmen kannst.

Das sollst du wissen!

- **Flächeninhalt des Rechtecks:** Der Flächeninhalt eines Rechtecks ist immer das Produkt aus Länge mal Breite.
  $A = \ell \cdot b$ oder $A = a \cdot b$
- **Flächeninhalt des Quadrats:**
  $A = a \cdot a = a^2$
  Auch hier gilt prinzipiell die Formel $A = a \cdot b$, aber hier gilt zusätzlich $a = b$!

Aufgaben

Bevor du zu rechnen beginnst, solltest du die Seitenlängen in dieselben Maßeinheiten umwandeln.

72. Berechne den Umfang und den Flächeninhalt eines Rechtecks mit den Seiten $a = 48$ cm und $b = 40$ cm.

73. Familie Oberbichler hat sich ein rechteckiges Grundstück mit den Seitenlängen 17 m und 22 m gekauft.
    a) Berechne, wie viel kg Grassamen Oberbichlers kaufen müssen, wenn 1 kg Grassamen für 30 m² Fläche reicht.
    b) Berechne, wie lang der Zaun sein muss, der das ganze Grundstück umfasst.

74. Von einer rechteckigen Fläche sind der Flächeninhalt und eine Seitenlänge bekannt.
    Berechne die Länge der zweiten Seite und den Umfang.
    a) $A = 216$ cm², $a = 18$ cm
    b) $A = 86{,}25$ a, $a = 115$ m
    c) $A = 2{,}58$ ha, $a = 215$ m

75. Gegeben ist der Flächeninhalt eines Quadrates.
    Berechne die Seitenlänge und den Umfang des Quadrates.
    a) $A = 64$ cm²
    b) $A = 1{,}69$ a
    c) $A = 3{,}24$ a

76. Von einem Rechteck sind der Umfang und eine Seitenlänge gegeben.
    Berechne die andere Seitenlänge und den Flächeninhalt.
    a) $u = 26$ m, $a = 8$ m
    b) $u = 92$ cm, $a = 3{,}4$ dm
    c) $u = 20$ km, $a = 4$ km

77. Von einem Quadrat ist der Umfang gegeben.
Berechne den Flächeninhalt und die Seitenlänge.

a) u = 6,4 km

b) u = 1,6 m

78. Ein Bürgersteig soll mit Platten belegt werden. Der Bürgersteig ist 256 m lang und 2 m breit. Ein Quadratmeter der Platten kostet einschließlich Verlegung 37,40 €.
Berechne die Kosten für den Bürgersteig.

79. Eine rechteckige Wiese ist 120 m lang und 75 m breit. Der Bauer rechnet mit einer Heuernte von 1,80 Doppelzentnern je Ar (1 Doppelzentner ≙ 100 kg).
Wie viel Heu wird der Bauer einfahren?

80. Ein 9,60 m langes und 7,20 m breites Klassenzimmer erhält einen neuen Parkettfußboden. Der Preis für einen Quadratmeter beträgt 47,00 €.
Was kostet der Fußboden für das Klassenzimmer?

81. Ein rechteckiger Bauplatz kostet 369 600 €. Ein Quadratmeter kostet 400 €. Das Baugrundstück ist 22 m breit.
Berechne die Fläche und die fehlende Seitenlänge des Bauplatzes.

82. Bestimme den Flächeninhalt folgender Figuren, indem du die Kästchen zählst.

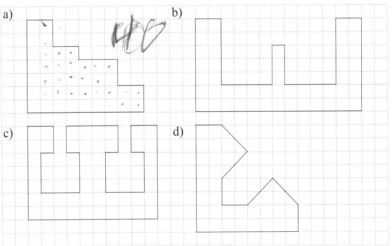

83. Bestimme durch Abzählen der Kästchen die gleich großen Flächen.

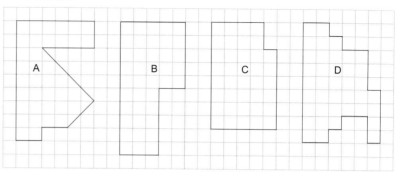

84. Zerlege folgende Figuren in Rechtecke und/oder Quadrate und bestimme so rechnerisch ihren Flächeninhalt.

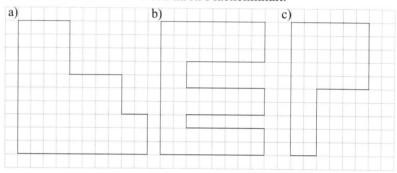

Grundwissen mit Übungsaufgaben: Räumliche Figuren

13 Räumliche Figuren

Räumliche Figuren sind dreidimensional und werden Körper genannt. Du kannst sie in die Hand nehmen und **begreifen**. Im Alltag haben viele Getränkekartons und Pakete die Form von Quadern.

13.1 Netz und Schrägbild/Raumbild von Quader und Würfel

Das sollst du wissen!

> Das **Netz eines Quaders/Würfels** ist eine Vorlage, um zum Beispiel aus Papier einen Quader oder Würfel bauen zu können. Es gibt viele Möglichkeiten, die sechs Seitenflächen anzuordnen.

Beispiele

1. Netz eines Würfels mit 2 cm Seitenlänge

2. Netz eines Quaders mit a = 3 cm, b = 1 cm und c = 2 cm

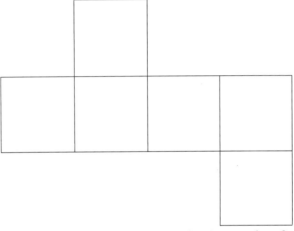

Das sollst du wissen!

> Das **Schrägbild/Raumbild** eines Quaders/Würfels dient dazu, das Bild eines Würfels oder Quaders mit räumlicher Wirkung auf Papier zeichnen zu können. Dazu werden alle Seiten, die senkrecht in die Zeichenebene hineinverlaufen, um die Hälfte verkürzt und im Winkel von 45° eingezeichnet.

Grundwissen mit Übungsaufgaben: Räumliche Figuren

Beispiele

1. Raumbild eines Würfels mit 3 cm Seitenlänge

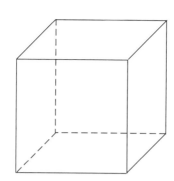

2. Raumbild eines Quaders mit a = 3 cm, b = 4 cm und c = 5 cm

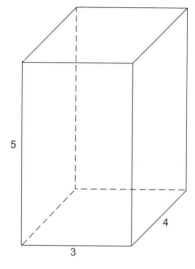

13.2 Volumen/Rauminhalt räumlicher Figuren

Das Volumen eines Körpers gibt an, welche Menge z. B. einer Flüssigkeit in den Körper hineinpasst. Auch hier kannst du dich an die Getränkekartons erinnern, z. B. für 1 ℓ Milch.

Das sollst du wissen!

> Das Volumen eines Quaders oder Würfels ist das Produkt aus Länge mal Breite mal Höhe.
> $V_{Quader} = \ell \cdot b \cdot h$ oder $V_{Quader} = a \cdot b \cdot c$

Für den Würfel gilt: Länge = Breite = Höhe
Deshalb kann man die Formel zur Berechnung des Volumens noch vereinfachen:

> $V_{Würfel} = a \cdot a \cdot a = a^3$

Beispiele

1. Quader mit Länge $\ell = 4$ cm, Breite b = 5 cm, Höhe h = 8 cm
   $V = 4 \cdot 5 \cdot 8 = 160$ (cm³) oder
   $V = 4$ cm $\cdot 5$ cm $\cdot 8$ cm $= 160$ cm³

2. Würfel mit Seitenlänge a = 5 cm
   $V = 5^3 = 5 \cdot 5 \cdot 5 = 125$ (cm³) oder
   $V = (5$ cm$)^3 = 5$ cm $\cdot 5$ cm $\cdot 5$ cm $= 125$ cm³

TIPP

Hier solltest du die Schreibweise benutzen, die dein Mathematiklehrer verwendet. Beide Schreibweisen sind korrekt.

So sollst du vorgehen!   Um das Volumen von räumlichen Figuren zu bestimmen, die keine Quader sind,
- füllt man diese entweder mit Würfeln aus, die 1 cm Kantenlänge haben, und addiert deren Rauminhalt (1 cm³),
- oder man zerlegt sie in Quader und Würfel, deren Kantenlängen man kennt und deren Volumen man berechnen kann.

Beispiele

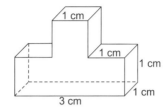

1. Möglichkeit: Ausfüllen mit Würfeln

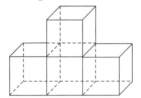

Man sieht insgesamt 4 Würfel mit jeweils 1 cm Kantenlänge und 1 cm³ Volumen. Damit hat diese räumliche Figur ein Volumen von 4 cm³.

2. Möglichkeit: Zerlegen in einen Quader und einen Würfel

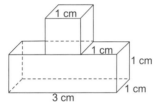

Die Figur wird in 2 Teilfiguren zerlegt:
$$V_{Quader} = 3\,cm \cdot 1\,cm \cdot 1\,cm$$
$$= 3 \cdot 1 \cdot 1 = 3\,(cm^3)$$
$$V_{Würfel} = 1\,cm \cdot 1\,cm \cdot 1\,cm = 1\,cm^3$$
Damit hat diese Figur ein Volumen von 4 cm³.

13.3 Oberfläche von Würfel und Quader

Du kannst dir merken: Die Oberfläche ist die Fläche, die du anstreichen musst, wenn du dem Quader/Würfel eine andere Farbe geben willst. Da es sich um die Ober**fläche** handelt, rechnet man immer mit **Flächen**einheiten!

Das sollst du wissen!

> Ein Würfel hat sechs gleich große Seitenflächen, deren Fläche du durch Seite mal Seite berechnen kannst. Die Oberfläche des Würfels setzt sich aus diesen 6 Flächen zusammen. Damit kannst du die **Oberfläche des Würfels** so berechnen:
> $$O_{Würfel} = 6 \cdot a^2$$

Ein Quader hat normalerweise immer zwei gleich große Seitenflächen, die sich gegenüberliegen.

Beispiel

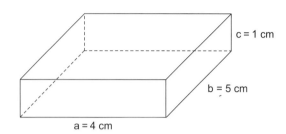

Das sollst du wissen!

Damit ergibt sich für die **Oberfläche des Quaders** folgende Möglichkeit der Berechnung:

$$O_{Quader} = 2 \cdot a \cdot b + 2 \cdot b \cdot c + 2 \cdot a \cdot c = 2 \cdot (a \cdot b + a \cdot c + b \cdot c)$$

Beispiel

Für dieses Beispiel:
$O = 2 \cdot 4 \cdot 5 + 2 \cdot 5 \cdot 1 + 2 \cdot 4 \cdot 1 = 40 + 10 + 8 = 50 + 8 = 58$ (cm²)

Aufgaben

85. Gegeben ist ein Würfel mit 3 cm Seitenlänge.
    a) Zeichne das Schrägbild des Würfels.
    b) Berechne das Volumen und die Oberfläche des Würfels.

86. Gegeben ist ein Quader mit den Seitenlängen a = 5 cm, b = 8 cm, c = 3 cm.
    a) Zeichne das Schrägbild des Quaders.
    b) Berechne das Volumen und die Oberfläche des Quaders.

87. Berechne das Volumen und die Oberfläche folgender Quader / Würfel mit den angegebenen Seitenlängen.
    a) a = 24 cm, b = 15 dm, c = 12 cm
    b) a = 12 m
    c) a = 16 dm, b = 1,3 m, c = 140 cm
    d) ℓ = 1,2 m, b = 15 m, h = 20 dm
    e) a = 70 cm

88. Ein Lastwagen mit einer Ladefläche von 30 dm auf 18 dm ist 40 cm hoch mit Sand beladen.
    Wie viele Kubikmeter Sand sind auf dem Lkw?

89. Für ein Denkmal muss ein Betonsockel mit einer Länge von 80 cm, einer Breite von 5 dm und einer Höhe von 1,60 m gegossen werden.
    a) Wie viel Beton wird benötigt?
    b) Wie viel Quadratmeter Bretter benötigt man für die Schalung? (Denke daran, dass die Form unten auf der Erde steht und oben zum Einfüllen offen ist!)

90. Eine Säule mit quadratischer Grundfläche, einer Seitenlänge von 40 cm und einer Höhe von 45 dm soll aus Beton gegossen werden.
Wie viel Beton wird benötigt?

91. Ein Schwimmbecken ist 50 m lang und 20 m breit. Die Wassertiefe beträgt 2,40 m.
a) Wie viel Wasser passt in das Schwimmbecken?
b) Wie groß ist die Wasseroberfläche?
c) Die Wände und der Boden sollen blau gestrichen werden. Berechne, wie groß die zu streichende Fläche ist.

92. Ein quaderförmiges Schwimmbecken ist 12 m breit und 25 m lang. Es fasst 480 m^3 Wasser.
Berechne die Wassertiefe.

14 Daten und Zufall

In diesem Kapitel geht es darum, Daten – also Ergebnisse aus Messungen oder Umfragen – zu erfassen, aufzuschreiben und darzustellen. Auch mögliche Ergebnisse bei Versuchen werden systematisch dargestellt.

14.1 Absolute Häufigkeit

Das musst du wissen!

> Die **absolute Häufigkeit** bei einer Messung oder einer Umfrage gibt an, wie oft ein Ergebnis bzw. eine Antwort auftaucht.
> Dies kann man in einer **Strichliste** zusammenfassen, d. h., für jede Antwort wird auf einer vorgegebenen Liste ein Strich gemacht.

Beispiel

Eine Klasse mit 29 Schülern wurde nach ihrem Lieblingshaustier befragt. Folgende Strichliste ergab sich:

Hund |||| |||| |||
Katze |||| ||||
Hase ||
Vogel ||
Andere |||

TIPP

- Den Schrägstrich als fünften Strich macht man, damit sich immer „Fünferbündel" ergeben. So wird die Strichliste übersichtlicher und leichter zu zählen.
- Damit die Liste übersichtlich wird, kann man einzelne Nennungen auch zusammenfassen. In der Kategorie „Andere" wurden hier z. B. ein Hamster, ein Leguan und Fische zusammengefasst.

14.2 Diagramme

In Diagrammen werden die Daten grafisch (d. h. zeichnerisch) aufbereitet, sodass man wichtige Erkenntnisse auf den ersten Blick sieht.

Das musst du wissen!

> Bei einem **Säulendiagramm** werden die Daten vertikal von unten nach oben eingetragen.

Beispiel

Die Strichliste von oben wird als Säulendiagramm dargestellt:

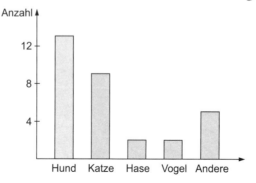

TIPP

- Beim Säulendiagramm ist es wichtig, einen sinnvollen Maßstab für die Hochwertachse zu wählen, der alle Ergebnisse eindeutig darstellt. (Hier: 1 cm ≙ 4 Tiere)

Das musst du wissen!

> Bei einem **Balkendiagramm** werden die Daten horizontal von links nach rechts eingetragen.

Beispiel

Darstellung der Strichliste als Balkendiagramm:

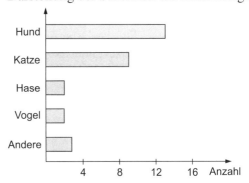

Das musst du wissen!

> Beim **Liniendiagramm** werden die Daten als Punkte in ein Gitternetz eingetragen und mit einer Linie verbunden. Dieses Diagramm wird dazu benutzt, eine **Entwicklung** über einen längeren Zeitraum darzustellen.

Beispiel

Sarah hat einen Monat lang notiert, wie lange sie jeden Tag mit ihrem Hund Freddy spazieren gegangen ist.

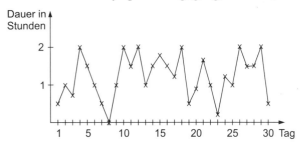

14.3 Zufallsversuche

Bei Zufallsversuchen geht es darum, abzuschätzen, mit welcher Wahrscheinlichkeit ein bestimmtes Ergebnis auftritt. Damit kann man sich seine Chancen, z. B. beim Glücksspiel zu gewinnen, ausrechnen.

Das musst du wissen!

> Ein **Zufallsversuch** wird mit einem sogenannten Zufallsgerät, z. B. einem Würfel, durchgeführt. Bei einem Zufallsversuch gibt es unterschiedliche **Ergebnisse**.
> Verschiedene Ergebnisse bilden ein **Ereignis**.

Beispiele

1. Mögliche Ergebnisse beim Würfeln: 1; 2; 3; 4; 5; 6
2. Mögliche Ergebnisse beim Münzwurf: Kopf oder Zahl
3. Mögliche Ergebnisse bei einem Zahlenrad mit 10 Feldern: 0; 1; 2; 3; 4; 5; 6; 7; 8; 9
4. Ereignis: Beim Zahlenrad gewinnen alle ungeraden Zahlen. Folgende Zahlen gewinnen: 1; 3; 5; 7; 9

Führt man einen Zufallsversuch sehr oft durch, so kann man aufgrund der Verteilung der Ergebnisse zwar keine Vorhersage zum einzelnen Ergebnis machen, aber Vorhersagen zu Gewinnchancen sind möglich.

Beispiel

Wie groß ist die Wahrscheinlichkeit, eine 4, 5 oder 6 zu würfeln? Für das Experiment wurde 100-mal gewürfelt. Folgende Ergebnisse kamen dabei heraus:
$15 \times 1; 20 \times 2; 15 \times 3; 20 \times 4; 10 \times 5; 20 \times 6$
Die Wahrscheinlichkeit, eine 4, 5 oder 6 zu würfeln, beträgt 50 %.

Das musst du wissen!

> Ein **Laplace-Experiment** ist ein Zufallsversuch, bei dem jedes Ergebnis mit der gleichen Wahrscheinlichkeit eintritt.

Beispiele

1. Würfeln mit einem normalen Spielwürfel
2. Glücksrad mit gleich großen Feldern drehen; sind die Felder verschieden groß, sind die Wahrscheinlichkeiten nicht gleich!

Das musst du wissen!

> Wird ein Zufallsversuch nur einmal durchgeführt, so spricht man von einem **einstufigen Zufallsversuch**.
> Wird ein Zufallsversuch zweimal durchgeführt, so spricht man von einem **zweistufigen Zufallsversuch**.

Beispiele

1. Einstufiger Zufallsversuch: Einmal würfeln oder das Zahlenrad einmal drehen
2. Zweistufiger Zufallsversuch: Zweimal würfeln oder zweimal eine Münze werfen

Das musst du wissen!

> Um die Gewinnchancen bei einem zweistufigen Zufallsversuch darzustellen, benutzt man häufig ein **Baumdiagramm**.

Beispiele

1. Beim Münzwurf gewinnt man, wenn man zweimal dasselbe Ergebnis wirft.

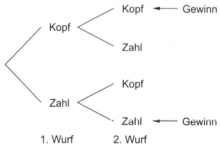

Es gibt zwei Möglichkeiten zu gewinnen und zwei Möglichkeiten zu verlieren. Daher ist die Chance zu gewinnen genauso hoch wie die zu verlieren.

Grundwissen mit Übungsaufgaben: Daten und Zufall

2. Tobi, Robi und Fabi sind Drillinge. Ihre Mutter hat für jeden von ihnen T-Shirt, Hose und Mütze in ihrer Lieblingsfarbe gekauft. Die drei haben beschlossen sich nicht einfarbig zu kleiden, sondern zu kombinieren. Wie viele Möglichkeiten hat Tobi?

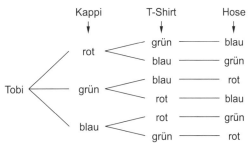

Tobi hat 6 verschiedene Kombinationsmöglichkeiten.

Aufgaben

93. Marie hat für den Gartenbauverein ihre Nachbarn befragt, welche Obstbäume in ihrem Garten stehen, und folgende Antworten erhalten.

Beimer:	Apfel, Zwetschge, Birne, Kirsche
Holzer:	Apfel 2×, Kirsche, Mirabelle
Dase:	Birne, Zwetschge, Reneklode
Janner:	Apfel 3×, Birne, Kirsche
Lauserl:	Birne, Zwetschge, Kirsche
Mandel:	Apfel 2×, Mirabelle, Birne
Nobel:	Birne, Zwetschge, Apfel, Kirsche
Pritsche:	Kirsche, Apfel
Reinderls:	Birne 2×, Kirsche, Reneklode
Schreinkel:	Apfel 3×, Kirsche, Zwetschge
Willing:	Kirsche, Zwetschge
Zotter:	Apfel 3×, Birne

a) Stelle dieses Ergebnis anhand einer Strichliste dar.

Apfel	15×
Birne	6×
Kirsche	
Zwetschge	
Sonstiges	

b) Erstelle ein Balkendiagramm zu der Anzahl der Obstbäume.

c) Erstelle mithilfe deiner Strichliste ein Säulendiagramm.

94. Vom Monat August sind folgende Niederschlagswerte bekannt:

Tag	1	2	3	4	5	6	7	8	9	10	11
Menge in ℓ/m^2	2	0	4	1	0	0	0	3	5	7	10
Tag	12	13	14	15	16	17	18	19	20	21	22
Menge in ℓ/m^2	1	0	0	0	0	3	1	0	0	0	0
Tag	23	24	25	26	27	28	29	30	31		
Menge in ℓ/m^2	0	5	6	7	8	0	0	1	3		

Erstelle mit dieser Angabe ein Liniendiagramm.

95. Ein neuer Staat hat sich von Russland abgespalten. Die Bevölkerung hat sich für die Fahne folgende vier Farben ausgesucht: Weiß, Ocker, Aubergine, Safarigrün.
Die Flagge soll alle vier Farben in je einem Streifen aufweisen.
Wie viele Möglichkeiten gibt es?

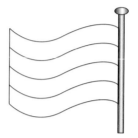

96. Folgendes Diagramm gibt die Sonnenstunden im September in München wieder:

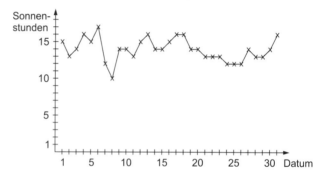

a) Gib den sonnenreichsten Tag an.

b) Gib den sonnenärmsten Tag an.

97. In der Schule wurde eine Umfrage gemacht, wie viele Kinder in jeder Familie leben.
Sarah stellt am Ende fest: Viktor hat doppelt so viele Geschwister wie Anton.
Ist diese Aussage richtig? Gib eine Begründung an.

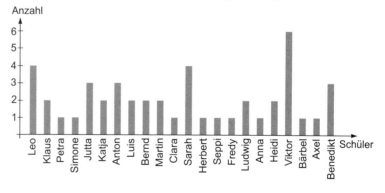

15 Lösungen

Aufgabe 1

Hinweise und Tipps

a) **16 853 437** $2\,594\,725 + 14\,258\,712 = 16\,853\,437$

b) **9 840 411** $715\,892 + 9\,124\,519 = 9\,840\,411$

c) **19 546 544** $19\,247\,821 + 298\,723 = 19\,546\,544$

d) **1 526 985 783** $1\,478\,256\,914 + 48\,728\,869 = 1\,526\,985\,783$

e) **9 067 723** $8\,925\,125 + 142\,598 = 9\,067\,723$

f) **189 356 999** $147\,878\,145 + 41\,478\,854 = 189\,356\,999$

g) **15 514 514** $5\,678\,349 + 9\,836\,165 = 15\,514\,514$

h) **1 761 607** $767\,452 + 895\,783 + 98\,372 = 1\,761\,607$

i) **175 901** $83\,812 + 89\,547 + 2\,542 = 175\,901$

j) **57 684** $48\,857 + 1\,934 + 6\,893 = 57\,684$

k) **115 716** $783 + 9\,583 + 95\,858 + 9\,492 = 115\,716$

l) **48 909** $9\,498 + 8\,527 + 9\,651 + 21\,233 = 48\,909$

Aufgabe 2

a) **406 080** $895\,647 - 489\,567 = 406\,080$

b) **51 929** $56\,127 - 4\,198 = 51\,929$

c) **141 323** $619\,581 - 478\,258 = 141\,323$

d) **2 824 357** $3\,781\,254 - 956\,897 = 2\,824\,357$

e) **9 031** $58\,614 - 49\,583 = 9\,031$

f) **324 037** $482\,514 - 158\,477 = 324\,037$

g) **838 187 145** $845\,190\,657 - 7\,003\,512 = 838\,187\,145$

h) **754 065 851** $762\,749\,609 - 8\,683\,758 = 754\,065\,851$

i) **78 015 172** $85\,836\,389 - 7\,821\,217 = 78\,015\,172$

Grundwissen mit Übungsaufgaben: Lösungen

✏ Hinweise und Tipps

j) **12 115**

$$95\,864 - 47\,514 - 36\,2\overset{1}{3}\overset{1}{5} = 12\,115$$

k) **58 118**

$$774\,458 - 394\,495 - 3\overset{1}{2}\overset{1}{1}\overset{1}{8}\overset{1}{4}\overset{1}{5} = 58\,118$$

l) **569 277**

$$741\,583 - 124\,723 - 4\overset{1}{7}\overset{2}{5}\overset{1}{8}\overset{1}{3} = 569\,277$$

m) **1 634 291**

$$1\,781\,496 - 56\,893 - 56\,814 - 33\,4\overset{1}{9}\overset{2}{8} = 1\,634\,291$$

```
   56 893           1 781 496
 + 56 814         −   147 205
 + 33 498             ‾‾‾‾‾‾‾
 ‾‾‾‾‾‾‾‾           1 634 291
  147 205
```

Aufgabe 3

a) **2 677 356**

```
74371 · 36
‾‾‾‾‾‾‾‾‾
  223113
  446226
‾‾‾‾‾‾‾‾‾
 2677356
```

b) **7 461 200**

$$74\,612 \cdot 100 = 7\,461\,200$$

c) **0**

Die Multiplikation einer Zahl mit 0 ergibt immer 0!

d) **838 970 208**

```
893472 · 939
‾‾‾‾‾‾‾‾‾‾‾
  8041248
  2680416
  8041248
‾‾‾‾‾‾‾‾‾‾‾
838970208
```

e) **69 211 989**

```
284823 · 243
‾‾‾‾‾‾‾‾‾‾‾
   569646
  1139292
   854469
‾‾‾‾‾‾‾‾‾‾‾
 69211989
```

f) **8 361 223 505**

```
9238921 · 905
‾‾‾‾‾‾‾‾‾‾‾‾‾
  83150289
         0
  46194605
‾‾‾‾‾‾‾‾‾‾‾‾‾
8361223505
```

g) **44 732 814**

```
84882 · 527
‾‾‾‾‾‾‾‾‾‾
   424410
   169764
   594174
‾‾‾‾‾‾‾‾‾‾
 44732814
```

h) **1 910 926**

```
20329 · 94
‾‾‾‾‾‾‾‾‾‾
   182961
    81316
‾‾‾‾‾‾‾‾‾‾
  1910926
```

Grundwissen mit Übungsaufgaben: Lösungen

✐ Hinweise und Tipps

i) **351 568**

$$\begin{array}{r} 6278 \cdot 56 \\ \hline 31390 \\ 37668 \\ \hline 351568 \end{array}$$

j) **651 792**

$$\begin{array}{r} 734 \cdot 888 \\ \hline 5872 \\ 5872 \\ 5872 \\ \hline 651792 \end{array}$$

k) **942 804**

$$\begin{array}{r} 78567 \cdot 12 \\ \hline 78567 \\ 157134 \\ \hline 942804 \end{array}$$

l) **3 710 828**

$$\begin{array}{r} 374 \cdot 9922 \\ \hline 3366 \\ 3366 \\ 748 \\ 748 \\ \hline 3710828 \end{array}$$

m) **4 375 320**

$$\begin{array}{r} 456 \cdot 9595 \\ \hline 4104 \\ 2280 \\ 4104 \\ 2280 \\ \hline 4375320 \end{array}$$

n) **88 569 843**

$$\begin{array}{r} 9059 \cdot 9777 \\ \hline 81531 \\ 63413 \\ 63413 \\ 63413 \\ \hline 88569843 \end{array}$$

o) **33 451 628**

$$\begin{array}{r} 73682 \cdot 454 \\ \hline 294728 \\ 368410 \\ 294728 \\ \hline 33451628 \end{array}$$

Aufgabe 4

a) **672**

$$\begin{array}{r} 21504 : 32 = 672 \\ -192 \\ \hline 230 \\ -224 \\ \hline 64 \\ -64 \\ \hline - \end{array}$$

Grundwissen mit Übungsaufgaben: Lösungen

✏ Hinweise und Tipps

b) **236**

$$
\begin{array}{l}
\overline{10}856 : 46 = 236 \\
\underline{-\ 92} \\
\quad 165 \\
\underline{-138} \\
\quad\ \ 276 \\
\underline{-276} \\
\quad\quad\ \ -
\end{array}
$$

c) **127**

$$
\begin{array}{l}
\overline{72}39 : 57 = 127 \\
\underline{-57} \\
\ 153 \\
\underline{-114} \\
\ \ \ 399 \\
\underline{-399} \\
\quad\ \ -
\end{array}
$$

d) **374**

$$
\begin{array}{l}
\overline{9}724 : 26 = 374 \\
\underline{-78} \\
\ 192 \\
\underline{-182} \\
\ \ \ 104 \\
\underline{-104} \\
\quad\ \ -
\end{array}
$$

e) **251**

$$
\begin{array}{l}
\overline{47}69 : 19 = 251 \\
\underline{-38} \\
\ 96 \\
\underline{-95} \\
\ \ \ 19 \\
\underline{-19} \\
\quad\ \ -
\end{array}
$$

f) **8 456**

$$
\begin{array}{l}
\overline{29}5960 : 35 = 8456 \\
\underline{-280} \\
\ 159 \\
\underline{-140} \\
\ \ \ 196 \\
\underline{-175} \\
\ \ \ \ \ 210 \\
\underline{-210} \\
\quad\quad\ \ -
\end{array}
$$

g) **315**

$$
\begin{array}{l}
\overline{13}230 : 42 = 315 \\
\underline{-126} \\
\ 63 \\
\underline{-42} \\
\ \ \ 210 \\
\underline{-210} \\
\quad\ \ -
\end{array}
$$

Grundwissen mit Übungsaufgaben: Lösungen

✏ Hinweise und Tipps

h) **689**
$$\overline{26871} : 39 = 689$$
$$\underline{-234}$$
$$\quad 347$$
$$\underline{-312}$$
$$\quad\ 351$$
$$\underline{\ -351}$$
$$\quad\quad\ \ -$$

i) **83**
$$\overline{7221} : 87 = 83$$
$$\underline{-696}$$
$$\quad 261$$
$$\underline{-261}$$
$$\quad\ -$$

j) **431**
$$\overline{16378} : 38 = 431$$
$$\underline{-152}$$
$$\quad 117$$
$$\underline{-114}$$
$$\quad\ \ 38$$
$$\underline{\ -38}$$
$$\quad\ -$$

k) **362**
$$\overline{8326} : 23 = 362$$
$$\underline{-69}$$
$$\ 142$$
$$\underline{-138}$$
$$\quad 46$$
$$\underline{-46}$$
$$\quad -$$

l) **78**
$$\overline{11388} : 146 = 78$$
$$\underline{-1022}$$
$$\quad 1168$$
$$\underline{-1168}$$
$$\quad\quad -$$

m) **856**
$$\overline{206296} : 241 = 856$$
$$\underline{-1928}$$
$$\quad 1349$$
$$\underline{-1205}$$
$$\quad\ 1446$$
$$\underline{-1446}$$
$$\quad\quad -$$

n) **82**
$$\overline{25830} : 315 = 82$$
$$\underline{-2520}$$
$$\quad 630$$
$$\underline{-630}$$
$$\quad\ -$$

Hinweise und Tipps

o) **36**

$$\overline{32292}:897=36$$
$$\underline{-2691}$$
$$5382$$
$$\underline{-5382}$$
$$-$$

p) **42**

$$\overline{18144}:432=42$$
$$\underline{-1728}$$
$$864$$
$$\underline{-864}$$
$$-$$

q) **91**

$$\overline{52689}:579=91$$
$$\underline{-5211}$$
$$579$$
$$\underline{-579}$$
$$-$$

r) **83**

$$\overline{31042}:374=83$$
$$\underline{-2992}$$
$$1122$$
$$\underline{-1122}$$
$$-$$

Aufgabe 5

a) **48** $17+\overparen{3\cdot 12}-5=17+36-5=53-5=48$

b) **87** $\overparen{39\cdot 3}-\overparen{7\cdot 6}+12=117-42+12=75+12=87$

c) **78** $\overparen{12\cdot 17}-14\cdot\overparen{(13-4)}=204-\overparen{14\cdot 9}=204-126=78$

d) **144** $137+\overparen{3\cdot 7}-\overparen{7\cdot 2}=137+21-14=158-14=144$

e) **240** $\overparen{444:2}+\overparen{3\cdot 6}=222+18=240$

f) **193** $256+\overparen{17\cdot 9}-\overparen{12\cdot 18}=256+153-216=409-216=193$

g) **355** $\overparen{34\cdot 9}-\overparen{9\cdot 7}+\overparen{7\cdot 16}=306-63+112=243+112=355$

h) **156** $\overparen{225:5}+\overparen{333:3}=45+111=156$

i) **7** $\overparen{216:8}-\overparen{5\cdot 4}=27-20=7$

j) **0** $\overparen{952:17}-\overparen{7\cdot 8}=56-56=0$

k) **4** $\overparen{300:12}-\overparen{7\cdot 3}=25-21=4$

Grundwissen mit Übungsaufgaben: Lösungen

✎ Hinweise und Tipps

Aufgabe 6

a) **8** $\overline{1\,246:14} - \overline{9\cdot 9} = 89 - 81 = 8$

b) **108** $\overline{18\cdot 16} - \overline{12\cdot 15} = 288 - 180 = 108$

c) **94** $\overline{447\cdot 2} - \overline{80\cdot 10} = 894 - 800 = 94$

d) **9 627** $\overline{345\cdot 27} + \overline{8\cdot 39} = 9\,315 + 312 = 9\,627$

e) **110** $17 + \overline{8\cdot 15} - \overline{9\cdot 3} = 17 + 120 - 27 = 137 - 27 = 110$

f) **45** $132 - \overline{9\cdot 12} + \overline{3\cdot 7} = 132 - 108 + 21 = 24 + 21 = 45$

g) **4** $\overline{88:11} + \overline{2\cdot 5} - \overline{2\cdot 7} = 8 + 10 - 14 = 18 - 14 = 4$

h) **799** $\overline{34\cdot 28} - \overline{9\cdot 17} = 952 - 153 = 799$

i) **50** $22 + \overline{8\cdot 14} - \overline{12\cdot 7} = 22 + 112 - 84 = 134 - 84 = 50$

j) **983** $\overline{182:14} + \overline{38\cdot 27} - \overline{7\cdot 8} = 13 + 1\,026 - 56 = 1\,039 - 56 = 983$

k) **439** $(\overline{22\cdot 10} - 3)\cdot 2 + 5 = (220 - 3)\cdot 2 + 5 = \overline{217\cdot 2} + 5 = 434 + 5 = 439$

l) **5 384** $\overline{56\cdot 100} - \overline{12\cdot 18} = 5\,600 - 216 = 5\,384$

m) **9 157** $9\,283 - 3\cdot(34-28)\cdot 7 = 9\,283 - 3\cdot 6\cdot 7 = 9\,283 - 18\cdot 7 = 9\,283 - 126 = 9\,157$

n) **510** $(\overline{789:3} - 15)\cdot 2 + 14 = (263 - 15)\cdot 2 + 14 = 248\cdot 2 + 14 = 496 + 14 = 510$

Aufgabe 7

a) **30** $[(\overline{546:14} + 11) - \overline{9\cdot 5} + 7]\cdot 2 + 6 = [(39+11) - 45 + 7]\cdot 2 + 6 =$
$= [50 - 45 + 7]\cdot 2 + 6 = [5 + 7]\cdot 2 + 6 = \overline{12\cdot 2} + 6 = 24 + 6 = 30$

b) **10 568** $\overline{78\cdot 12} + \overline{99\cdot 100} - (226 + \overline{14\cdot 3}) = 936 + 9\,900 - (226 + 42) = 10\,836 - 268 =$
$= 10\,568$

c) **68** $(\overline{1911:13} - \overline{5\cdot 17}) + \overline{3\cdot 6} - 12 = (147 - 85) + 18 - 12 = 62 + 18 - 12 =$
$= 80 - 12 = 68$

d) **280** $92:(\overline{3\cdot 7} - 19) + \overline{18\cdot 13} = 92:(21-19) + 234 = \overline{92:2} + 234 = 46 + 234 = 280$

e) **1 230** $\overline{138\cdot 9} - 12\cdot(17 - \overline{8\cdot 2}) + 19\cdot(18 - \overline{3\cdot 6}) = 1\,242 - 12\cdot(17-16) + 19\cdot(18-18) =$
$= 1\,242 - \overline{12\cdot 1} + \overline{19\cdot 0} = 1\,242 - 12 + 0 = 1\,242 - 12 = 1\,230$

f) **188** $[12\cdot(34 - 7\cdot 4) + 28]\cdot 2 - 12 = [12\cdot(34-28) + 28]\cdot 2 - 12 =$
$= [\overline{12\cdot 6} + 28]\cdot 2 - 12 = (72 + 28)\cdot 2 - 12 = \overline{100\cdot 2} - 12 = 200 - 12 = 188$

g) **222** $966:(\overline{7\cdot 12} - \overline{14\cdot 5}) + \overline{23\cdot 7} - 8 = 966:(84-70) + 161 - 8 = \overline{966:14} + 161 - 8 =$
$= 69 + 161 - 8 = 230 - 8 = 222$

h) **5 962** $593\cdot(\overline{45\cdot 7} - 315:7 - \overline{26\cdot 10}) + 8\cdot 4 = 593\cdot(315 - 45 - 260) + 32 =$
$= 593\cdot(270 - 260) + 32 = \overline{593\cdot 10} + 32 = 5\,930 + 32 = 5\,962$

Grundwissen mit Übungsaufgaben: Lösungen

✎ Hinweise und Tipps

i) **579** $\overline{48 \cdot 7} + (113 - \overline{13 \cdot 6}) \cdot 7 - 2 = 336 + (113 - 78) \cdot 7 - 2 = 336 + \overline{35 \cdot 7} - 2 =$
$= 336 + 245 - 2 = 581 - 2 = 579$

j) **498** $\overline{15 \cdot 25} - \overline{5 \cdot 17} + \overline{12 \cdot 18} - 8 = 375 - 85 + 216 - 8 = 290 + 216 - 8 = 506 - 8 = 498$

k) **96** $\overline{171 : 19} - \overline{3 \cdot 3} + \overline{12 \cdot 8} = 9 - 9 + 96 = 0 + 96 = 96$

l) **209** $689 - \overline{89 \cdot 5} - \overline{5 \cdot 7} = 689 - 445 - 35 = 244 - 35 = 209$

m) **2 884** $3\,407 - \overline{1\,407 : 3} - \overline{3 \cdot 18} = 3\,407 - 469 - 54 = 2\,938 - 54 = 2\,884$

n) **2 599** $2\,275 + \overline{8\,725 : 25} - \overline{5 \cdot 5} = 2\,275 + 349 - 25 = 2\,624 - 25 = 2\,599$

o) **2 000** $\overline{3\,639 : 3} - \overline{3 \cdot 47} + 928 = 1\,213 - 141 + 928 = 1\,072 + 928 = 2\,000$

Aufgabe 8

a) **3 983** $207 + (793 + 2\,983) = (207 + 793) + 2\,983 = 1\,000 + 2\,983 = 3\,983$

b) **17 825** $8\,482 + (1\,518 + 7\,825) = (8\,482 + 1\,518) + 7\,825 = 10\,000 + 7\,825 = 17\,825$

c) **14 917** $(4\,917 + 7\,895) + 2\,105 = 4\,917 + (7\,895 + 2\,105) = 4\,917 + 10\,000 = 14\,917$

d) **27 849** $6\,493 + (3\,507 + 17\,849) = (6\,493 + 3\,507) + 17\,849 = 10\,000 + 17\,849 =$
$= 27\,849$

e) **31 000** $28\,143 + (1\,857 + 479) + 521 = (28\,143 + 1\,857) + (479 + 521) =$
$= 30\,000 + 1\,000 = 31\,000$

f) **1 289 327** $(789\,327 + 439\,825) + 60\,175 = 789\,327 + (439\,825 + 60\,175) =$
$= 789\,327 + 500\,000 = 1\,289\,327$

Aufgabe 9

a) **700** $89 + (111 + 297) + 203 = (89 + 111) + (297 + 203) = 200 + 500 = 700$

b) **3 000** $554 + (446 + 937) + 1\,063 = (554 + 446) + (937 + 1\,063) = 1\,000 + 2\,000 = 3\,000$

c) **20 945** $3\,812 + (6\,188 + 4\,721) + (3\,279 + 2\,945) =$
$= (3\,812 + 6\,188) + (4\,721 + 3\,279) + 2\,945 =$
$= 10\,000 + 8\,000 + 2\,945 = 18\,000 + 2\,945 = 20\,945$

d) **67 879** $7\,666 + (2\,334 + 8\,398) + (1\,602 + 47\,879) =$
$= (7\,666 + 2\,334) + (8\,398 + 1\,602) + 47\,879 =$
$= 10\,000 + 10\,000 + 47\,879 = 20\,000 + 47\,879 = 67\,879$

e) **11 159** $4\,325 + (287 + 5\,675) + (159 + 713) = 4\,325 + 287 + 5\,675 + 159 + 713 =$
$= (4\,325 + 5\,675) + (287 + 713) + 159 = 10\,000 + 1\,000 + 159 = 11\,159$

f) **21 000** $8\,774 + 4\,928 + 226 + 7\,072 = (8\,774 + 226) + (4\,928 + 7\,072) =$
$= 9\,000 + 12\,000 = 21\,000$

g) **158 997** $52\,132 + (9\,471 + 7\,868) + (529 + 88\,997) =$
$= 52\,132 + 9\,471 + 7\,868 + 529 + 88\,997 =$
$= (52\,132 + 7\,868) + (9\,471 + 529) + 88\,997 =$
$= 60\,000 + 10\,000 + 88\,997 = 70\,000 + 88\,997 = 158\,997$

Grundwissen mit Übungsaufgaben: Lösungen

✎ Hinweise und Tipps

Aufgabe 10

a) **867 000** $\quad 125 \cdot (8 \cdot 867) = (125 \cdot 8) \cdot 867 = 1\,000 \cdot 867 = 867\,000$

b) **2 398 000** $\quad 5 \cdot (2 \cdot 25) \cdot (4 \cdot 2\,398) = \overparen{5 \cdot 2} \cdot \overparen{25 \cdot 4} \cdot 2\,398 = 10 \cdot 100 \cdot 2\,398 =$
$= 1\,000 \cdot 2\,398 = 2\,398\,000$

c) **1 987 000 000** $\quad (1\,987 \cdot 125) \cdot (8 \cdot 250) \cdot 4 = 1\,987 \cdot \overparen{125 \cdot 8} \cdot \overparen{250 \cdot 4} = 1\,987 \cdot 1\,000 \cdot 1\,000 =$
$= 1\,987 \cdot 1\,000\,000 = 1\,987\,000\,000$

d) **13 000 000** $\quad (65 \cdot 125) \cdot 2 \cdot (2 \cdot 2 \cdot 200) = 65 \cdot 125 \cdot \overparen{2 \cdot 2 \cdot 2} \cdot 200 = 65 \cdot \overparen{125 \cdot 8} \cdot 200 =$
$= 65 \cdot 1\,000 \cdot 200 = \overparen{65 \cdot 200} \cdot 1\,000 = 13\,000 \cdot 1\,000 = 13\,000\,000$

e) **146 081 000** $\quad (8\,593 \cdot 250) \cdot (17 \cdot 4) = 8\,593 \cdot 250 \cdot 4 \cdot 17 = 8\,593 \cdot 1\,000 \cdot 17 = 8\,593 \cdot 17 \cdot 1\,000 =$
$= 146\,081 \cdot 1\,000 = 146\,081\,000$

f) **254 400** $\quad (4 \cdot 848) \cdot (5 \cdot 3 \cdot 5) = 848 \cdot 4 \cdot 5 \cdot 5 \cdot 3 = 848 \cdot 4 \cdot 25 \cdot 3 = 848 \cdot 100 \cdot 3 = 848 \cdot 3 \cdot 100 =$
$= 2\,544 \cdot 100 = 254\,400$

g) **1 497 000** $\quad 50 \cdot 2 \cdot (2 \cdot 1\,497) \cdot 5 = 50 \cdot 2 \cdot 2 \cdot 5 \cdot 1\,497 = 100 \cdot 10 \cdot 1\,497 = 1\,000 \cdot 1\,497 = 1\,497\,000$

Aufgabe 11

a) **3 648** $\quad 304 \cdot 12 = (300 + 4) \cdot 12 = 300 \cdot 12 + 4 \cdot 12 = 3\,600 + 48 = 3\,648$

b) **11 934** $\quad 702 \cdot 17 = (700 + 2) \cdot 17 = 700 \cdot 17 + 2 \cdot 17 = 11\,900 + 34 = 11\,934$

c) **3 636** $\quad 101 \cdot 36 = (100 + 1) \cdot 36 = 100 \cdot 36 + 1 \cdot 36 = 3\,600 + 36 = 3\,636$

d) **14 042** $\quad 1\,003 \cdot 14 = (1\,000 + 3) \cdot 14 = 1\,000 \cdot 14 + 3 \cdot 14 = 14\,000 + 42 = 14\,042$

e) **1 845** $\quad 205 \cdot 9 = (200 + 5) \cdot 9 = 200 \cdot 9 + 5 \cdot 9 = 1\,800 + 45 = 1\,845$

f) **7 326** $\quad 407 \cdot 18 = (400 + 7) \cdot 18 = 400 \cdot 18 + 7 \cdot 18 = 7\,200 + 126 = 7\,326$

g) **6 526** $\quad 502 \cdot 13 = (500 + 2) \cdot 13 = 500 \cdot 13 + 2 \cdot 13 = 6\,500 + 26 = 6\,526$

h) **2 432** $\quad 608 \cdot 4 = (600 + 8) \cdot 4 = 600 \cdot 4 + 8 \cdot 4 = 2\,400 + 32 = 2\,432$

i) **1 605** $\quad 107 \cdot 15 = (100 + 7) \cdot 15 = 100 \cdot 15 + 7 \cdot 15 = 1\,500 + 105 = 1\,605$

j) **3 232** $\quad 202 \cdot 16 = (200 + 2) \cdot 16 = 200 \cdot 16 + 2 \cdot 16 = 3\,200 + 32 = 3\,232$

Aufgabe 12

a) **3 366** $\quad 198 \cdot 17 = (200 - 2) \cdot 17 = 200 \cdot 17 - 2 \cdot 17 = 3\,400 - 34 = 3\,366$

b) **897** $\quad 299 \cdot 3 = (300 - 1) \cdot 3 = 300 \cdot 3 - 1 \cdot 3 = 900 - 3 = 897$

c) **5 964** $\quad 497 \cdot 12 = (500 - 3) \cdot 12 = 500 \cdot 12 - 3 \cdot 12 = 6\,000 - 36 = 5\,964$

d) **9 085** $\quad 395 \cdot 23 = (400 - 5) \cdot 23 = 400 \cdot 23 - 5 \cdot 23 = 9\,200 - 115 = 9\,085$

e) **2 376** $\quad 297 \cdot 8 = (300 - 3) \cdot 8 = 300 \cdot 8 - 3 \cdot 8 = 2\,400 - 24 = 2\,376$

f) **17 062** $\quad 898 \cdot 19 = (900 - 2) \cdot 19 = 900 \cdot 19 - 2 \cdot 19 = 17\,100 - 38 = 17\,062$

g) **3 490** $\quad 698 \cdot 5 = (700 - 2) \cdot 5 = 700 \cdot 5 - 2 \cdot 5 = 3\,500 - 10 = 3\,490$

h) **4 389** $\quad 399 \cdot 11 = (400 - 1) \cdot 11 = 400 \cdot 11 - 1 \cdot 11 = 4\,400 - 11 = 4\,389$

Grundwissen mit Übungsaufgaben: Lösungen

		Hinweise und Tipps
i)	**236 763**	$999 \cdot 237 = (1\,000 - 1) \cdot 237 = 1\,000 \cdot 237 - 1 \cdot 237 = 237\,000 - 237 = 236\,763$
j)	**14 925**	$597 \cdot 25 = (600 - 3) \cdot 25 = 600 \cdot 25 - 3 \cdot 25 = 15\,000 - 75 = 14\,925$

Aufgabe 13

a)	**480**	$17 \cdot 12 + 23 \cdot 12 = (17 + 23) \cdot 12 = 40 \cdot 12 = 480$
b)	**1 900**	$34 \cdot 38 + 16 \cdot 38 = (34 + 16) \cdot 38 = 50 \cdot 38 = 1\,900$
c)	**3 300**	$67 \cdot 33 + 33 \cdot 33 = (67 + 33) \cdot 33 = 100 \cdot 33 = 3\,300$
d)	**1 700**	$29 \cdot 17 + 71 \cdot 17 = (29 + 71) \cdot 17 = 100 \cdot 17 = 1\,700$
e)	**4 900**	$79 \cdot 49 + 21 \cdot 49 = (79 + 21) \cdot 49 = 100 \cdot 49 = 4\,900$
f)	**580**	$78 \cdot 58 - 68 \cdot 58 = (78 - 68) \cdot 58 = 10 \cdot 58 = 580$
g)	**800**	$234 \cdot 8 - 134 \cdot 8 = (234 - 134) \cdot 8 = 100 \cdot 8 = 800$
h)	**1 100**	$365 \cdot 11 - 265 \cdot 11 = (365 - 265) \cdot 11 = 100 \cdot 11 = 1\,100$
i)	**5 200**	$681 \cdot 26 - 481 \cdot 26 = (681 - 481) \cdot 26 = 200 \cdot 26 = 5\,200$
j)	**120**	$95 \cdot 12 - 85 \cdot 12 = (95 - 85) \cdot 12 = 10 \cdot 12 = 120$

Aufgabe 14

a)	**4 500**	$19 \cdot 45 + 56 \cdot 45 + 25 \cdot 45 = (19 + 56 + 25) \cdot 45 = (75 + 25) \cdot 45 = 100 \cdot 45 = 4\,500$
b)	**2 800**	$73 \cdot 14 + 56 \cdot 14 + 71 \cdot 14 = (73 + 56 + 71) \cdot 14 = (129 + 71) \cdot 14 = 200 \cdot 14 = 2\,800$
c)	**2 565**	$53 \cdot 15 + 76 \cdot 15 + 42 \cdot 15 = (53 + 76 + 42) \cdot 15 = (129 + 42) \cdot 15 = 171 \cdot 15 =$ $= (170 + 1) \cdot 15 = 170 \cdot 15 + 1 \cdot 15 = 2\,550 + 15 = 2\,565$
d)	**3 200**	$49 \cdot 16 + 88 \cdot 16 + 63 \cdot 16 = (49 + 88 + 63) \cdot 16 = (137 + 63) \cdot 16 = 200 \cdot 16 = 3\,200$
e)	**4 600**	$23 \cdot 67 + 23 \cdot 75 + 23 \cdot 58 = 23 \cdot (67 + 75 + 58) = 23 \cdot (142 + 58) = 23 \cdot 200 =$ $= 4\,600$
f)	**13**	$1\,456 \cdot 13 - 859 \cdot 13 - 596 \cdot 13 = (1\,456 - 859 - 596) \cdot 13 = (597 - 596) \cdot 13 =$ $= 1 \cdot 13 = 13$
g)	**0**	$94 \cdot 9 - 57 \cdot 9 - 37 \cdot 9 = (94 - 57 - 37) \cdot 9 = (37 - 37) \cdot 9 = 0 \cdot 9 = 0$
h)	**180**	$145 \cdot 18 - 76 \cdot 18 - 59 \cdot 18 = (145 - 76 - 59) \cdot 18 = (69 - 59) \cdot 18 = 10 \cdot 18 = 180$
i)	**34**	$674 \cdot 34 - 381 \cdot 34 - 292 \cdot 34 = (674 - 381 - 292) \cdot 34 = (293 - 292) \cdot 34 =$ $= 1 \cdot 34 = 34$
j)	**1 700**	$248 \cdot 17 - 135 \cdot 17 - 13 \cdot 17 = (248 - 135 - 13) \cdot 17 = (113 - 13) \cdot 17 = 100 \cdot 17 =$ $= 1\,700$
k)	**300**	$823 \cdot 3 - 799 \cdot 3 + 76 \cdot 3 = (823 - 799 + 76) \cdot 3 = (24 + 76) \cdot 3 = 100 \cdot 3 = 300$
l)	**1 400**	$346 \cdot 7 - 278 \cdot 7 + 132 \cdot 7 = (346 - 278 + 132) \cdot 7 = (68 + 132) \cdot 7 = 200 \cdot 7 =$ $= 1\,400$
m)	**42 000**	$882 \cdot 42 - 189 \cdot 42 + 307 \cdot 42 = (882 - 189 + 307) \cdot 42 = (693 + 307) \cdot 42 =$ $= 1\,000 \cdot 42 = 42\,000$

Grundwissen mit Übungsaufgaben: Lösungen

✎ Hinweise und Tipps

n) **1 400** $713 \cdot 14 + 214 \cdot 4 - 827 \cdot 14 = (713 + 214 - 827) \cdot 14 = (927 - 827) \cdot 14 =$
$= 100 \cdot 14 = 1\,400$

o) **12 000** $865 \cdot 12 + 721 \cdot 12 - 586 \cdot 12 = (865 + 721 - 586) \cdot 12 = (1\,586 - 586) \cdot 12 =$
$= 1\,000 \cdot 12 = 12\,000$

Aufgabe 15

a) **60** $17 \cdot 2 + 13 \cdot 2 = (17 + 13) \cdot 2 = 30 \cdot 2 = 60$

b) **484** $22 \cdot 19 + 3 \cdot 22 = 22 \cdot 19 + 22 \cdot 3 = 22 \cdot (19 + 3) = 22 \cdot 22 = 484$

c) **11 562 759** $333 \cdot 34\,723 = (300 + 30 + 3) \cdot 34\,723 = 300 \cdot 34\,723 + 30 \cdot 34\,723 + 3 \cdot 34\,723 =$
$= 10\,416\,900 + 1\,041\,690 + 104\,169 = 11\,458\,590 + 104\,169 = 11\,562\,759$

d) **215 209** $7\,421 \cdot 29 = 7\,421 \cdot (30 - 1) = 7\,421 \cdot 30 - 7\,421 \cdot 1 = 222\,630 - 7\,421 = 215\,209$

e) **69 721 188** $7\,222 \cdot 9\,654 = (7\,000 + 200 + 20 + 2) \cdot 9\,654 =$
$= 7\,000 \cdot 9\,654 + 200 \cdot 9\,654 + 20 \cdot 9\,654 + 2 \cdot 9\,654 =$
$= 67\,578\,000 + 1\,930\,800 + 193\,080 + 19\,308 =$
$= 69\,508\,800 + 212\,388 = 69\,721\,188$

f) **26 510** $55 \cdot 482 = (50 + 5) \cdot 482 = 50 \cdot 482 + 5 \cdot 482 = 24\,100 + 2\,410 = 26\,510$

g) **275 310** $798 \cdot 345 = (800 - 2) \cdot 345 = 800 \cdot 345 - 2 \cdot 345 = 276\,000 - 690 = 275\,310$

h) **391 061** $803 \cdot 487 = (800 + 3) \cdot 487 = 800 \cdot 487 + 3 \cdot 487 = 389\,600 + 1\,461 = 391\,061$

i) **1 645 000** $7\,265 \cdot 235 - 235 \cdot 265 = (7\,265 - 265) \cdot 235 = 7\,000 \cdot 235 = 1\,645\,000$

j) **961 785** $4\,785 \cdot 201 = 4\,785 \cdot (200 + 1) = 4\,785 \cdot 200 + 4\,785 \cdot 1 = 957\,000 + 4\,785 =$
$= 961\,785$

k) **16 406 953** $82\,447 \cdot 199 = 82\,447 \cdot (200 - 1) = 82\,447 \cdot 200 - 82\,447 \cdot 1 =$
$= 16\,489\,400 - 82\,447 = 16\,406\,953$

l) **30 560 000** $72\,114 \cdot 382 + 7\,886 \cdot 382 = (72\,114 + 7\,886) \cdot 382 = 80\,000 \cdot 382 = 30\,560\,000$

m) **30** $2\,241 : 83 + 249 : 83 = (2\,241 + 249) : 83 = 2\,490 : 83 = 30$

n) **787 200** $56 \cdot 3\,936 + 144 \cdot 3\,936 = (56 + 144) \cdot 3\,936 = 200 \cdot 3\,936 = 787\,200$

o) **74 100** $825 \cdot 741 - 725 \cdot 741 = (825 - 725) \cdot 741 = 100 \cdot 741 = 74\,100$

p) **4 397 610** $9\,030 \cdot 487 = 9\,030 \cdot (500 - 13) = 9\,030 \cdot 500 - 9\,030 \cdot 13 =$
$= 4\,515\,000 - 117\,390 = 4\,397\,610$

q) **5 479 259** $2\,741 \cdot 1\,999 = 2\,741 \cdot (2\,000 - 1) = 2\,741 \cdot 2\,000 - 2\,741 \cdot 1 =$
$= 5\,482\,000 - 2\,741 = 5\,479\,259$

r) **24 000** $4\,155 \cdot 12 - 2\,155 \cdot 12 = (4\,155 - 2\,155) \cdot 12 = 2\,000 \cdot 12 = 24\,000$

s) **50** $1\,914 : 33 - 264 : 33 = (1\,914 - 264) : 33 = 1\,650 : 33 = 50$

t) **324 324** $3\,276 \cdot 99 = 3\,276 \cdot (100 - 1) = 3\,276 \cdot 100 - 3\,276 \cdot 1 = 327\,600 - 3\,276 =$
$= 324\,324$

u) **4 657 560** $555 \cdot 8\,392 = 555 \cdot (8\,400 - 8) = 555 \cdot 8\,400 - 555 \cdot 8 = 4\,662\,000 - 4\,440 =$
$= 4\,657\,560$

Grundwissen mit Übungsaufgaben: Lösungen

✎ Hinweise und Tipps

Aufgabe 16

a) **14,72 €**

Frau Groß geht gleich nach der Ankunft zum Einkaufen.
Sie bringt **2 Packungen Milch zu je 69 Ct**, **2 kg Äpfel für 2,99 €**,
Getränke für 5,70 € und **Süßigkeiten für 4,65 €** mit.

Wir wissen:
- 2 Packungen Milch zu je 69 Ct
- 2 kg Äpfel für 2,99 €
- Getränke für 5,70 €
- Süßigkeiten für 4,65 €

Rechnung:
$2 \cdot 69 + 299 + 570 + 465 = 138 + 299 + 570 + 465 = 1\,472$ (Ct) $= 14,72$ €

Antwort: Auf dem Kassenzettel stehen 14,72 € als Endbetrag.

b) **5,28 €**

$2\,000 - 1\,472 = 528$ (Ct) $= 5,28$ €
Antwort: Sie erhält 5,28 € zurück.

Aufgabe 17

156 €

Frau Teuer kauft in der Stadt für ihre Zwillinge Geburtstagsgeschenke:
**zwei Regenjacken für je 25 €, einen Teddybären für 29 €, eine
Holzeisenbahn für 45 € und einen Spielzeuglastwagen für 32 €**.
Wie viel Geld gibt Frau Teuer für ihre beiden Kinder zum Geburtstag aus?

Wir wissen:
- 2 Regenjacken für je 25 €
- 1 Teddybär für 29 €
- 1 Holzeisenbahn für 45 €
- 1 Lastwagen für 32 €

Rechnung:
$25 \cdot 2 + 29 + 45 + 32 = 50 + 74 + 32 = 124 + 32 = 156$ (€)

Antwort: Frau Teuer gibt für ihre beiden Kinder 156 € aus.

Aufgabe 18

9.50 Uhr

Wir wissen:
- Augsburg – Hamburg: 5 h 50 min
- Umsteigezeit: 20 min
- Hamburg – Husum: 1 h 20 min

Rechnung:
Fahrtdauer 5 h 50 min + 20 min + 1 h 20 min =
= 6 h 10 min + 1 h 20 min = 7 h 30 min

Ankunft   17.20 Uhr
Fahrtdauer 7 h 30 min
Abfahrt   9.50 Uhr

Antwort: Laura fährt um 9.50 Uhr los.

Aufgabe 19

a) **459 Fliesen**

Wir wissen:
- 17 Reihen Fliesen mit je 27 Stück
- pro Karton 9 Fliesen
- Ein Karton kostet 4,95 €.

Rechnung: $17 \cdot 27 = 459$ Fliesen
Antwort: Herr Rücker benötigt 459 Fliesen.

Grundwissen mit Übungsaufgaben: Lösungen

✏ Hinweise und Tipps

b) **252,45 €**

$\overline{459} : 9 = 51$ (Kartons)
$-\underline{45}$
09

$51 \cdot 495 = 495 \cdot 51 = 25\,245$ (Ct) $= 252,45$ €
Antwort: Herr Rücker hat 252,45 € für die Fliesen bezahlt.

Aufgabe 20

a) **5 Eimer**

Wir wissen:
- 450 m² Fläche
- 10 ℓ reichen für 90 m²
- 1 Eimer kostet 34 €.

Rechnung: $450 : 90 = 5$ (Eimer)
Antwort: Sie müssen 5 Eimer Farbe kaufen.

b) **170 €**

$5 \cdot 34 = 170$ (€)
Antwort: Sie geben 170 € für die Farbe aus.

Aufgabe 21

	Angabe in Euro (€)	Euro			Cent		Angabe in Cent (Ct)
	25,79			2	5	7 9	2 579
a)	**781,25**		7	8	1	**2 5**	78 125
b)	452,28		4	5	2	2 8	**45 228**
c)	**1 892,08**	1	8	9	2	8	189 208
d)	**890,80**		8	9	0	8 0	89 080
e)	3 900,03		**3**	**9**	**0**	**0 3**	390 003
f)	**37 271,01**	3 7	2	7	1	1	3 727 101
g)	547,07		5	4	7	0 7	54 707
h)	94,70			9	4	7 0	**9 470**
i)	**65,10**			6	5	1	**6 510**
j)	**731,27**		7	3	1	2 7	73 127
k)	12,00			**1**	**2**	**0 0**	1 200
l)	**590,00**		5	9	0		59 000
m)	172,02		**1**	**7**	**2**	**0 2**	17 202
n)	**8,98**				8	9 8	898
o)	**4 152,22**	4	1	5	2	2 2	415 222
p)	13			**1**	**3**	**0 0**	1 300
q)	**12,00**			1	2	0 0	1 200
r)	**30,50**			3	0	5 0	3 050
s)	186		**1**	**8**	**6**	**0 0**	186 000
t)	**687,28**		6	8	7	2 8	68 728

Aufgabe 22

	Angabe in	t			kg			g			mg		Angabe in
	43,0102 kg				4	3	0	1	0	2	0	0	43 010 200 mg
a)	767,72367 t	7	6	7	7	2	3	6	7	0			767 723 670 g
b)	**56,05** t	5	6	0	5	0							**56 050** kg
c)	**89,364** t	8	9	3	6	4							89 364 kg
d)	**8 582** kg				8	5	8	2	0	0	0		8 582 000 g
e)	95,9219 t	9	5	9	2	1	9						**95 921,9** kg
f)	**31,860021** kg				3	1	8	6	0	0	2	1	31 860 021 mg
g)	**3,55** kg					3	5	5	0				**3 550** g
h)	0,039 t		0	0	3	9	0	0	0				39 000 g
i)	**7 502** kg			7	5	0	2	0	0	0			7 502 000 g
j)	**10,95** t	1	0	9	5	0							**10 950** kg
k)	**670** g						6	7	0	0	0	0	670 000 mg
l)	**4,89** kg					4	8	9	0				**4 890** g
m)	768,73 t	7	6	8	7	3	0						**768 730** kg
n)	65 623,009 kg		6	5	6	2	3	0	0	9			**65,623009** t
o)	848,002 t	8	4	8	0	0	2						**848 002** kg
p)	**8 968** kg				8	9	6	8					**8,968** t
q)	2 049,4 kg				2	0	4	9	4	0	0		**2 049 400** g
r)	8 658 238 g			8	6	5	8	2	3	8			**8,658238** t
s)	**184,652** g						1	8	4	6	5	2	184 652 mg
t)	**58,482718** kg				5	8	4	8	2	7	1	8	58 482 718 mg
u)	**0,044163854** t		0	0	4	4	1	6	3	8	5	4	44 163 854 mg

Aufgabe 23

	Angabe in	km			m			dm	cm	mm	Angaben in
	170 m				1	7	0	0	0		17 000 cm
a)	959 672,92 m	9	5	9	6	7	2	9	2		**959,67292** km
b)	**984 000,4** m	9	8	4	0	0	0	4			**9 840 004** dm
c)	9 840 001 cm		9	8	4	0	0	0	1		**98,40001** km
d)	775 047 m	7	7	5	0	4	7	0	0		**77 504 700** cm
e)	**46,5011** km		4	6	5	0	1	1	0	0	**46 501 100** mm
f)	**42,55** m					4	2	5	5		**425,5** dm
g)	0,84832 km			0	8	4	8	3	2		84 832 cm
h)	8 931 m				8	9	3	1			**8,931** km
i)	**8 000** m				8	0	0	0			80 000 dm
j)	**601,43** km		6	0	1	4	3	0	0		**6 014 300** dm
k)	87 261 m			8	7	2	6	1			**87,261** km

Angabe in	km		m		dm	cm	mm	Angaben in
l) 7 127 595 dm	7	1	2	7	5	9	5	712,7595 km
m) **925 660,4 m**		9	2	5	6	6	0	**9 256 604** dm
n) 99 231 m			9	9	2	3	1	0	0	9 923 100 cm

Aufgabe 24

Angabe in	km²	ha	a	m²	dm²	cm²	mm²	Angabe in
93 145 a	9	3	1	4	5			931,45 ha
a) **400,020255 ha**	4	0	0	0	2	0	2	5	5	**400 020 255** dm²
b) **23,8845** a			2	3	8	8	4	5	0	0	23 884 500 cm²
c) 9 291 m²			0	9	2	9	1		0,9291 ha
d) **3,9002 a**				3	9	0	0	2	390,02 m²
e) **6,7833** m²					6	7	8	3	3	67 833 cm²
f) 3524 m²			0	3	5	2	4		0,3524 ha
g) **23 902,1 dm²**				2	3	9	0	2	1	239,021 m²
h) 9,384813 km²	9	3	8	4	8	1	3		93 848,13 a
i) 94 929,1 ha	9	4	9	2	9	1			949,291 km²
j) 45,887 a			4	5	8	8	7	0	458 870 dm²
k) 3 492 901 dm²		3	4	9	2	9	0	1	3,492901 ha
l) 7 104 021 cm²			7	1	0	4	0	2	1	7,104021 a
m) **532 490 mm²**					0	5	3	2	4	9	0	0,53249 m²
n) **35 721 cm²**					3	5	7	2	1	357,21 dm²
o) **9 466,434 a**	0	9	4	6	6	4	3	4	0,9466434 km²
p) **579,21 m²**			5	7	9	2	1	0	0	5 792 100 cm²
q) **371,5 dm²**				3	7	1	5	0	0	0	3 715 000 mm²
r) **3,46943 a**			3	4	6	9	4	3	34 694,3 dm²
s) 8 658 m²			8	6	5	8			86,58 a
t) 2 423 ha	2	4	2	3					24,23 km²
u) 96 598 a	9	6	5	9	8	0	0		9 659 800 m²

Aufgabe 25

Angabe in	m³			dm³			cm³			mm³			Angabe in
4,6123 m³			4	6	1	2	3						4 612 300 cm³
a) 7,74737 dm³						7	7	4	7	3	7	0	7 747 370 mm³
b) 45,8481 m³		4	5	8	4	8	1	0	0				45 848 100 cm³
c) 9 390,393 cm³						9	3	9	0	3	9	3	9,390393 dm³
d) 723,8548 dm³				7	2	3	8	5	4	8			723 854,8 cm³
e) 598 492 mm³							5	9	8	4	9	2	0,598492 dm³

	Angabe in	m³			dm³			cm³			mm³			Angabe in
f)	94,672 m³	9	4	6	7	2	0	0	0					94 672 000 cm³
g)	0,95359 m³			0	9	5	3	5	9					953,59 dm³
h)	8,25704 dm³				8	2	5	7	0	4	0			8 257 040 cm³
i)	858,829 dm³				8	5	8	8	2	9				858 829 cm³
j)	28,581 m³		2	8	5	8	1							28 581 dm³
k)	438,58 dm³			0	4	3	8	5	8					0,43858 m³
l)	5 071,006 dm³			5	0	7	1	0	0	6				5 071 006 cm³
m)	0,9625 m³			0	9	6	2	5	0	0				962 500 cm³
n)	6,015 dm³						6	0	1	5	0	0	0	6 015 000 mm³
o)	272 680 cm³			0	2	7	2	6	8	0				0,272680 m³
p)	75,838 m³	7	5	8	3	8	0	0	0					75 838 000 cm³
q)	6 883,786 cm³						6	8	8	3	7	8	6	6 883 786 mm³
r)	396 578 283 mm³				3	9	6	5	7	8	2	8	3	396,578283 dm³
s)	8 524,5 dm³			8	5	2	4	5	0	0				8 524 500 cm³

Aufgabe 26

	750 ml =	750 cm³		75 cl		0,75 l =	0,75 dm³
a)	8 900 ml =	8 900 cm³		890 cl		8,9 l =	8,9 dm³
b)	4 500 ml =	4 500 cm³		450 cl		4,5 l =	4,5 dm³
c)	2 230 ml =	2 230 cm³		223 cl		2,23 l =	2,23 dm³
d)	250 ml =	250 cm³		25 cl		0,25 l =	0,25 dm³
e)	1 700 000 ml =	1 700 000 cm³		170 000 cl		1 700 l =	1 700 dm³
f)	500 ml =	500 cm³		50 cl		0,5 l =	0,5 dm³
g)	450 ml =	450 cm³		45 cl		0,45 l =	0,45 dm³
h)	8 000 ml =	8 000 cm³		800 cl		8 l =	8 dm³
i)	16 000 ml =	16 000 cm³		1 600 cl		16 l =	16 dm³
j)	14 000 ml =	14 000 cm³		1 400 cl		14 l =	14 dm³
k)	17 000 ml =	17 000 cm³		1 700 cl		17 l =	17 dm³
l)	320 ml =	320 cm³		32 cl		0,32 l =	0,32 dm³
m)	4 550 ml =	4 550 cm³		455 cl		4,55 l =	4,55 dm³
n)	890 000 ml =	890 000 cm³		89 000 cl		890 l =	890 dm³
o)	2 800 ml =	2 800 cm³		280 cl		2,8 l =	2,8 dm³
p)	60 000 ml =	60 000 cm³		6 000 cl		60 l =	60 dm³

Grundwissen mit Übungsaufgaben: Lösungen

✏ Hinweise und Tipps

Aufgabe 27

a) **60 h** — 2 d 12 h (h) = 60 h

b) **1 016 min** — 16 h 56 min (min) = 1 016 min

c) **156 432 s** — 43 h 27 min 12 s (s) = 156 432 s

d) **144 h** — 6 d (h) = 144 h

e) **95 h** — 3 d 23 h (h) = 95 h

f) **285 min** — 4 h 45 min (min) = 285 min

g) **2 293 min** — 1 d 14 h 13 min (min) = 2 293 min

h) **3 480 s** — 58 min (s) = 3 480 s

i) **99 h** — 4 d 3 h (h) = 99 h

j) **1 048 min** — 17 h 28 min (min) = 1 048 min

k) **9 795 min** — 6 d 19 h 15 min (min) = 9 795 min

l) **200 min** — 3 h 20 min (min) = 200 min

m) **585 min** — 9 h 45 min (min) = 585 min

n) **3 210 min** — 2 d 5 h 30 min (min) = 3 210 min

o) **1 434 min** — 23 h 54 min (min) = 1 434 min

Aufgabe 28

a) **12 h 20 min** — 740 min = 12 h 20 min

b) **37 min 40 s** — 2 260 s = 37 min 40 s

c) **3 d** — 72 h = 3 d

d) **37 h 30 min** — 2 250 min = 37 h 30 min

e) **22 h 10 min** — 79 800 s = 1 330 min = 22 h 10 min

Aufgabe 29

	Nächstgrößere Einheit		Nächstkleinere Einheit
a)	**785 a**	78 500 m²	**7 850 000 dm²**
b)	**86 822 dm³**	86 822 000 cm³	**86 822 000 000 mm³**
c)	**183,446 m**	1 834,46 dm	**18 344,6 cm**
d)	73,712 kg	**73 712 g**	**73 712 000 mg**
e)	**9,527 dm³**	**9 527 cm³**	9 527 000 mm³
f)	5,68281 t	**5 682,81 kg**	**5 682 810 g**
g)	**467,125 dm²**	46 712,50 cm²	**4 671 250 mm²**
h)	**0,05478 t**	54,78 kg	**54 780 g**
i)	**880 ℓ**	**88 000 cℓ**	880 000 mℓ

Grundwissen mit Übungsaufgaben: Lösungen

	Nächstgrößere Einheit		Nächstkleinere Einheit
j)	89,77002 m³	**89 770,02 dm³**	**89 770 020 cm³**
k)	**0,047002 t**	47,002 kg	**47 002 g**
l)	**7 755,44 m**	**77 554,4 dm**	775 544 cm
m)	**352,442 hl**	35 244,2 l	**3 524 420 cl**
n)	55,8994 ha	**5 589,94 a**	**558 994 m²**
o)	64,235 m	**642,35 dm**	**6 423,5 cm**
p)	**2,89172 kg**	2 891,72 g	**2 891 720 mg**
q)	**0,154 kg**	**154 g**	154 000 mg
r)	**88 571,4 m**	885 714 dm	**8 857 140 cm**
s)	4,6 t	**4 600 kg**	**4 600 000 g**
t)	**0,67 l**	67 cl	**670 ml**
u)	**3 542,34 dm**	35 423,4 cm	354 234 mm
v)	**25,64 a**	2 564 m²	**256 400 dm²**
w)	9 898 hl	**989 800 l**	**98 980 000 cl**
x)	**45,567 m**	455,67 dm	**4 556,7 cm**

Aufgabe 30

Hinweise und Tipps

a) **56 895 g**   56,895 kg = 56 895 g

b) **9 693,1284 km**   96 931 284 dm = 9 693,1284 km

c) **10 589 dm³**   10,589 m³ = 10 589 dm³

d) **23 465 Ct**   234,65 € = 23 465 Ct

e) **4 465 min**   3 d 2h 25 min = 4 465 min

f) **2 850 kg**   2,85 t = 2 850 kg

g) **8,48723 a**   848,723 m² = 8,48723 a

h) **9,828 m**   9 828 mm = 9,828 m

i) **3,915 hl**   391,5 l = 3,915 hl

j) **8,458 kg**   8 458 000 mg = 8,458 kg

k) **2,9348 ha**   293 480 000 cm² = 2,9348 ha

l) **9 392 t**   9 392 000 kg = 9 392 t

m) **2 534 977,7 mm**   25 349,777 dm = 2 534 977,7 mm

n) **52 h**   2 d 4 h = 52 h

o) **93,94 hl**   939 400 cl = 93,94 hl

p) **0,0602 km²**   60 200 m² = 0,0602 km²

q) **203 400 m**   203,4 km = 203 400 m

r) **939 930 dm³**   939,93 m³ = 939 930 dm³

Grundwissen mit Übungsaufgaben: Lösungen

		Hinweise und Tipps
s)	**259,49 dm**	25 949 mm = 259,49 dm
t)	**5,763 t**	5 763 000 g = 5,763 t
u)	**84 801 cl**	848,01 ℓ = 84 801 cl
v)	**0,79302 t**	793,02 kg = 0,79302 t
w)	**7 992 min**	5 d 13 h 12 min = 7 992 min
x)	**12 000 m²**	1,2 ha = 12 000 m²

Aufgabe 31

a)	**866,75 €**	848,23 € + 1 852 Ct = 84 823 + 1 852 = 86 675 (Ct) = 866,75 €
b)	**67,74 €**	5 285 Ct + 14,89 € = 5 285 + 1 489 = 6 774 (Ct) = 67,74 €
c)	**120,95 €**	3 054 Ct + 90,41 € = 3 054 + 9 041 = 12 095 (Ct) = 120,95 €
d)	**139,82 €**	73,98 € + 6 584 Ct = 7 398 + 6 584 = 13 982 (Ct) = 139,82 €
e)	**93,72 €**	85,87 € + 7,85 € = 8 587 + 785 = 9372 (Ct) = 93,72 €
f)	**59,70 €**	47,78 € + 11,92 € = 4 778 + 1 192 = 5 970 (Ct) = 59,70 €
g)	**33,01 €**	39,85 € − 684 Ct = 3 985 − 684 = 3 301 (Ct) = 33,01 €
h)	**22,05 €**	78,39 € − 56,34 € = 7 839 − 5 634 = 2 205 (Ct) = 22,05 €
i)	**4,63 €**	102,48 € − 97,85 € = 10 248 − 9 785 = 463 (Ct) = 4,63 €
j)	**280,60 €**	612,36 € − 331,76 € = 61 236 − 33 176 = 28 060 (Ct) = 280,60 €
k)	**69,85 €**	9 341 Ct − 23,56 € = 9 341 − 2 356 = 6 985 (Ct) = 69,85 €
l)	**44,24 €**	8 947 Ct − 45,23 € = 8 947 − 4 523 = 4 424 (Ct) = 44,24 €

Aufgabe 32

1,39 €

Term: 5,56 € : 4 = 556 : 4
Rechnung: 556 : 4 = 139 (Ct)
$$\underline{4}$$
$$15$$
$$\underline{12}$$
$$36$$
$$\underline{36}$$
$$-$$

Antwort: Eine Tüte kostet 1,39 €.

Aufgabe 33

7,20 €

Term: 8 · 90 Ct
Rechnung: $\underline{90 \cdot 8}$
         720 (Ct) = 7,20 €
Antwort: Die Fahrt kostet insgesamt 7,20 €.

Grundwissen mit Übungsaufgaben: Lösungen

✏ Hinweise und Tipps

Aufgabe 34

17 Personen

Term: $14{,}45 \text{ €} : 85 \text{ Ct} = 1\,445 : 85$

Rechnung:
$$\begin{array}{r}\overline{1445} : 85 = 17 \\ -85 \\ \overline{595} \\ -595 \\ \overline{}\end{array}$$

Antwort: Es kommen 17 Personen zur Party.

Aufgabe 35

16,95 €

Term: $101{,}70 \text{ €} : 6 = 10170 : 6$

Rechnung: $\overline{10}170 : 6 = 1695 \text{ (Ct)} = 16{,}95 \text{ €}$
$$\begin{array}{r}-6 \\ \overline{41} \\ -36 \\ \overline{57} \\ 54 \\ \overline{}\end{array}$$

Antwort: Ein Vorhang kostet 16,95 €.

Aufgabe 36

24,15 €

Term: $7 \cdot 3{,}45 \text{ €} = 345 \cdot 7$

Rechnung: $\underline{345 \cdot 7}$
$2415 \text{ (Ct)} = 24{,}15 \text{ €}$

Antwort: 24,15 € muss er an der Kasse bezahlen.

Aufgabe 37

104,7 kg

Term: $16{,}3 \text{ kg} + 17{,}6 \text{ kg} + 12{,}4 \text{ kg} + 23{,}6 \text{ kg} + 3{,}5 \text{ kg} + 6{,}7 \text{ kg} + 14{,}5 \text{ kg} + 10{,}1 \text{ kg}$
Rechnung:
$= 16\,300 + 17\,600 + 12\,400 + 23\,600 + 3\,500 + 6\,700 + 14\,500 + 10\,100 =$
$= 33\,900 + 36\,000 + 10\,200 + 24\,600 = 69\,900 + 34\,800 = 104\,700 \text{ (g)} =$
$= 104{,}7 \text{ kg}$

Antwort: Das Gepäck wiegt 104,7 kg.

Aufgabe 38

6,65 t

Rechnung: $1\,800 \text{ kg} + 2\,500 \text{ kg} + 2\,350 \text{ kg} = 4\,300 + 2\,350 =$
$= 6\,650 \text{ (kg)} = 6{,}65 \text{ t}$
Antwort: Die Ladung wiegt 6,65 t.

Aufgabe 39

94,51 kg

$2{,}23 \text{ kg} + 1\,356 \text{ g} + 84{,}45 \text{ kg} + 6\,474 \text{ g} = 2\,230 + 1\,356 + 84\,450 + 6\,474 =$
$= 3\,586 + 90\,924 = 94\,510 \text{ (g)} = 94{,}51 \text{ kg}$

Grundwissen mit Übungsaufgaben: Lösungen

▸ Hinweise und Tipps

Aufgabe 40

855,356 t

868 942 kg − 1,84 t − 2 376 kg − 9,37 t = 868 942 − 1 840 − 2 376 − 9 370 =
= 867 102 − (2 376 + 9 370) = 867 102 − 11 746 = 855 356 (kg) = 855,356 t

---

Aufgabe 41

150 g

Rechnung: 3 kg − 300 g = 3 000 − 300 = 2 700 (g)
2 700 : 18 = 150 g
Antwort: Ein Becher Joghurt wiegt 150 g.

Aufgabe 42

5 Schulbücher

Rechnung: 3,25 kg : 650 g = 3 250 : 650 = 5
Antwort: Markus hatte 5 Schulbücher dabei.

Aufgabe 43

a) **20,58 kg**   1,47 kg · 14 = 1 470 g · 14 = 20 580 g = 20,58 kg

b) **9,8 g**   2,45 g · 4 = 2 450 mg · 4 = 9 800 mg = 9,8 g

c) **10 t**   1,25 t · 8 = 1 250 kg · 8 = 10 000 kg = 10 t

d) **13**   2,34 kg : 180 g = 2 340 g : 180 g = 13

e) **14**   6,23 t : 445 kg = 6 230 kg : 445 kg = 14

f) **560 g**   4,48 kg : 8 = 4 480 g : 8 = 560 g

g) **660 kg**   11,88 t : 18 = 11 880 kg : 18 = 660 kg

h) **6**   132 kg : 22 kg = 132 : 22 = 6

Aufgabe 44

a) **6,178 km**

670 m + 1,7 km − 720 dm + 4,5 km − 620 m =
= (670 + 1 700 − 72 + 4 500 − 620) m = 2 370 − 72 + 4 500 − 620 =
= 2 298 + 4 500 − 620 = 6 798 − 620 = 6 178 (m) = 6,178 km

b) **26,82 m**

5,6 m − 45 dm + 1 400 cm + 12,4 m − 6,8 dm =
= (560 − 450 + 1 400 + 1 240 − 68) cm = 110 + 1 400 + 1 240 − 68 =
= 1 510 + 1 240 − 68 = 2 750 − 68 = 2 682 (cm) = 26,82 m

c) **3**   4,5 m : 15 dm = 45 : 15 = 3

d) **31**   210,8 dm : 68 cm = 2 108 : 68 = 31

Grundwissen mit Übungsaufgaben: Lösungen

✎ Hinweise und Tipps

Aufgabe 45

191 Bäume

Skizze:

$5700 : 30 + 1 = 190 + 1 = 191$ (Bäume)
Antwort: Es müssen 191 Bäume gekauft werden.

Aufgabe 46

a) **14 001 Schwellen**

Skizze:

7 km

$7\,000\ m : 50\ cm = 700\,000 : 50 = 14\,000$
Antwort: Es müssen 14 001 Schwellen gekauft werden.

b) **450 m**

$899 \cdot 50 = 44\,950\ cm = 449{,}50\ m$
Antwort: Der Teilabschnitt ist 449,50 m lang.

Aufgabe 47

a) **80 Jahre**
50 Jahre
110 Jahre

$1\,360 : 17 = 80$ (Jahre)
$850 : 17 = 50$ (Jahre)
$1\,870 : 17 = 110$ (Jahre)

b) **20,4 m**
25,5 m
8,5 m

$120 \cdot 17\ cm = 2\,040\ cm = 20{,}4\ m$
$150 \cdot 17\ cm = 2\,550\ cm = 25{,}5\ m$
$50 \cdot 17\ cm = 850\ cm = 8{,}5\ m$

Aufgabe 48

a) **19.16 Uhr**

18.44 Uhr $\xrightarrow{16\ min}$ 19.00 Uhr $\xrightarrow{16\ min}$ 19.16 Uhr
$32 - 16 = 16$
Antwort: Um 19.16 Uhr kommt die S-Bahn in Holzkirchen an.

b) **8.51 Uhr**

9.23 Uhr $\xleftarrow{23\ min}$ 9.00 Uhr $\xleftarrow{9\ min}$ 8.51 Uhr
$32 - 23 = 9$
Antwort: Der Zug fuhr um 8.51 Uhr am Rosenheimer Platz los.

Aufgabe 49

a) **12.36 Uhr**

Rechnung:
$12 \cdot 17 = 204$ (min) $\xrightarrow{30\ min}$ 234 min = 3 h 54 min
16.30 Uhr $\xleftarrow{3\ h}$ 13.30 Uhr
13.30 Uhr $\xleftarrow{54\ min}$ 12.36 Uhr
Antwort: Sie muss um 12.36 Uhr die Mittagspause beenden.

Grundwissen mit Übungsaufgaben: Lösungen

                                    ✎ Hinweise und Tipps

b) **18.15 Uhr**   16.30 Uhr $\xrightarrow{1\,h}$ 17.30 Uhr $\xrightarrow{45\,min}$ 18.15 Uhr

                       Antwort: Der Bus kommt um 18.15 Uhr zu Hause an.

Aufgabe 50

a) **8.39 Uhr**   Rechnung:
                       42 min + 17 min + 94 min + 15 min + 48 min =
                       = 59 + 94 + 63 = 153 + 63 = 216 (min) = 3 h 36 min
                       12.15 Uhr $\xleftarrow{3\,h}$ 9.15 Uhr $\xleftarrow{15\,min}$ 9.00 Uhr $\xleftarrow{21\,min}$ 8.39 Uhr
                       Antwort: Um 8.44 Uhr fuhr die Klasse in Wolfratshausen los.

b) **12.51 Uhr**   9.15 Uhr $\xrightarrow{3\,h}$ 12.15 Uhr $\xrightarrow{36\,min}$ 12.51 Uhr
                       Antwort: Um 12.51 Uhr kommt die Klasse in Wolfratshausen an.

Aufgabe 51

a) **2 h 24 min**   Rechnung: 12 · 12 = 144 = 2h 24 min

b) **16.06 Uhr**   Rechnung: 17.30 Uhr $\xleftarrow{1\,h\,24\,min}$ 16.06 Uhr
                       Antwort: Um 16.06 Uhr müssen sie beginnen.

Aufgabe 52

a) **1 cm ≙ 50 000 cm**   1 cm ≙ 500 m; Verkleinerung

b) **2 cm ≙ 10 000 cm**   2 cm ≙ 100 m; Verkleinerung

c) **5 cm ≙ 1 cm**   Vergrößerung

d) **1 cm ≙ 1 000 000 cm**   1 cm ≙ 10 km; Verkleinerung

e) **1 cm ≙ 14 000 cm**   1 cm ≙ 140 m; Verkleinerung

f) **1 cm ≙ 4 500 000 cm**   1 cm ≙ 45 km; Verkleinerung

g) **1 cm ≙ 6 000 000 cm**   1 cm ≙ 60 km; Verkleinerung

h) **1 cm ≙ 175 000 cm**   1 cm ≙ 1,75 km; Verkleinerung

i) **1 cm ≙ 65 000 cm**   1 cm ≙ 650 m; Verkleinerung

j) **1 cm ≙ 42 000 cm**   1 cm ≙ 420 m; Verkleinerung

k) **1 cm ≙ 25 000 cm**   1 cm ≙ 250 m; Verkleinerung

l) **1 cm ≙ 500 000 cm**   1 cm ≙ 5 km; Verkleinerung

Grundwissen mit Übungsaufgaben: Lösungen

Aufgabe 53

a)
b)
c)

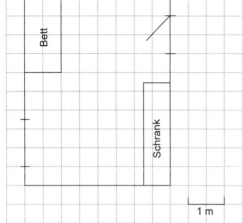

Aufgabe 54

a)
b)
c)
e)

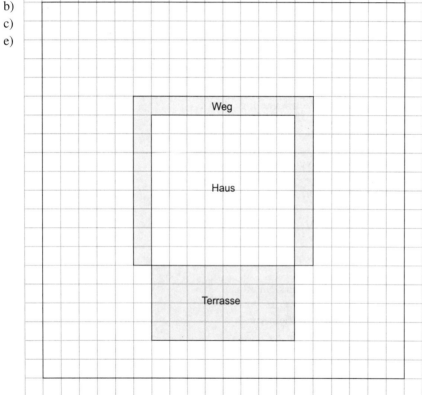

d) **72 m²** $\qquad$ $A = 6\,\text{m} \cdot 12\,\text{m} = 6 \cdot 12 = 72\,(\text{m}^2)$

Grundwissen mit Übungsaufgaben: Lösungen

✏ Hinweise und Tipps

Aufgabe 55

a)
d)
e)
g)
h)
i)

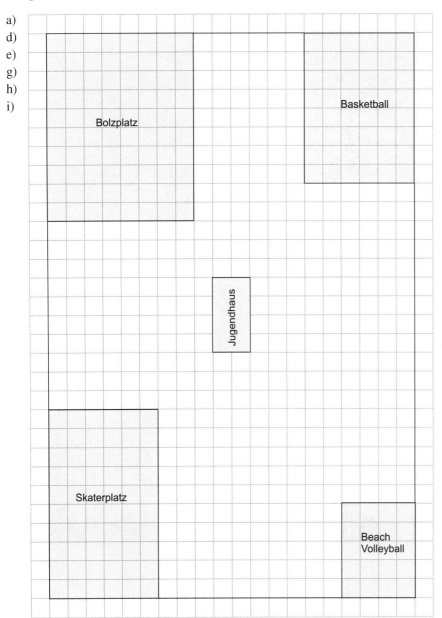

b) **1,5 ha** $A = 100 \cdot 150 = 15\,000 \text{ m}^2 = 150 \text{ a} = 1,5 \text{ ha}$

c) **500 m** $u = 2 \cdot (100 + 150) = 500 \text{ m}$

f) **400 m³** $A_{Grube} = 25 \text{ m} \cdot 20 \text{ m} = 500 \text{ m}^2$
$V_{Grube} = 50\,000 \text{ dm}^2 \cdot 8 \text{ dm} = 400\,000 \text{ dm}^3 = 400 \text{ m}^3$

j) **200 m²** $A = 10 \cdot 20 = 200 \text{ (m}^2\text{)}$

Aufgabe 56

a) $\mathbb{L} = \{14\}$

$x + 23 = 37$
$x = 37 - 23$
$x = 14$

$\mathbb{G} = \mathbb{N}$

$\mathbb{L} = \{14\}$

b) $\mathbb{L} = \{218\}$

$x + 9 = 227$
$x = 227 - 9$
$x = 218$

$\mathbb{G} = \mathbb{N}$

$\mathbb{L} = \{218\}$

c) $\mathbb{L} = \{17\}$

$x - 5 = 12$
$x = 12 + 5$
$x = 17$

$\mathbb{G} = \mathbb{N}$

$\mathbb{L} = \{17\}$

d) $\mathbb{L} = \{1\,116\}$

$x - 38 = 1\,078$
$x = 1\,078 + 38$
$x = 1\,116$

$\mathbb{G} = \mathbb{N}$

$\mathbb{L} = \{1\,116\}$

e) $\mathbb{L} = \{196\}$

$x + 578 = 774$
$x = 774 - 578$
$x = 196$

$\mathbb{G} = \mathbb{N}$

$\mathbb{L} = \{196\}$

f) $\mathbb{L} = \{51\}$

$x - 39 = 12$
$x = 12 + 39$
$x = 51$

$\mathbb{G} = \mathbb{N}$

$\mathbb{L} = \{51\}$

g) $\mathbb{L} = \{59\}$

$x + 6 = 65$
$x = 65 - 6$
$x = 59$

$\mathbb{G} = \mathbb{N}$

$\mathbb{L} = \{59\}$

h) $\mathbb{L} = \{891\}$

$x - 886 = 5$
$x = 5 + 886$
$x = 891$

$\mathbb{G} = \mathbb{N}$

$\mathbb{L} = \{891\}$

i) $\mathbb{L} = \{12\}$

$x + 95 = 107$
$x = 107 - 95$
$x = 12$

$\mathbb{G} = \mathbb{N}$

$\mathbb{L} = \{12\}$

j) $\mathbb{L} = \{2\,033\}$

$x - 1\,034 = 999$
$x = 999 + 1\,034$
$x = 2\,033$

$\mathbb{G} = \mathbb{N}$

$\mathbb{L} = \{2\,033\}$

k) $\mathbb{L} = \{22\}$

$2 \cdot x = 44$
$x = 44 : 2$
$x = 22$

$\mathbb{G} = \mathbb{N}$

$\mathbb{L} = \{22\}$

l) $\mathbb{L} = \{8\}$

$x : 4 = 2$
$x = 2 \cdot 4$
$x = 8$

$\mathbb{G} = \mathbb{N}$

$\mathbb{L} = \{8\}$

m) $\mathbb{L} = \{13\}$

$7 \cdot x = 91$
$x = 91 : 7$
$x = 13$

$\mathbb{G} = \mathbb{N}$

$\mathbb{L} = \{13\}$

n) $\mathbb{L} = \{11\}$

$132 : x = 12$
$x = 132 : 12$
$x = 11$

$\mathbb{G} = \mathbb{N}$

$\mathbb{L} = \{11\}$

✎ Hinweise und Tipps

o) $\mathbb{L} = \{13\}$

$5 \cdot x = 65$ $\qquad$ $\mathbb{G} = \mathbb{N}$
$x = 65 : 5$
$x = 13$ $\qquad$ $\mathbb{L} = \{13\}$

p) $\mathbb{L} = \{112\}$

$x : 8 = 14$ $\qquad$ $\mathbb{G} = \mathbb{N}$
$x = 14 \cdot 8$
$x = 112$ $\qquad$ $\mathbb{L} = \{112\}$

q) $\mathbb{L} = \{12\}$

$15 \cdot x = 180$ $\qquad$ $\mathbb{G} = \mathbb{N}$
$x = 180 : 15$
$x = 12$ $\qquad$ $\mathbb{L} = \{12\}$

r) $\mathbb{L} = \{9\}$

$198 : x = 22$ $\qquad$ $\mathbb{G} = \mathbb{N}$
$x = 198 : 22$
$x = 9$ $\qquad$ $\mathbb{L} = \{9\}$

s) $\mathbb{L} = \{6\}$

$34 \cdot x = 204$ $\qquad$ $\mathbb{G} = \mathbb{N}$
$x = 204 : 34$
$x = 6$ $\qquad$ $\mathbb{L} = \{6\}$

t) $\mathbb{L} = \{217\}$

$x : 7 = 31$ $\qquad$ $\mathbb{G} = \mathbb{N}$
$x = 31 \cdot 7$
$x = 217$ $\qquad$ $\mathbb{L} = \{217\}$

Aufgabe 57

a) $\mathbb{L} = \{22\}$

$2 \cdot x + 8 = 52$ $\qquad$ $\mathbb{G} = \mathbb{N}$
$2 \cdot x = 52 - 8$
$2 \cdot x = 44$
$x = 44 : 2$
$x = 22$ $\qquad$ $\mathbb{L} = \{22\}$

b) $\mathbb{L} = \{24\}$

$3 \cdot x - 19 = 53$ $\qquad$ $\mathbb{G} = \mathbb{N}$
$3 \cdot x = 53 + 19$
$3 \cdot x = 72$
$x = 72 : 3$
$x = 24$ $\qquad$ $\mathbb{L} = \{24\}$

c) $\mathbb{L} = \{2\}$

$x \cdot 77 - 75 = 79$ $\qquad$ $\mathbb{G} = \mathbb{N}$
$x \cdot 77 = 79 + 75$
$x \cdot 77 = 154$
$x = 154 : 77$
$x = 2$ $\qquad$ $\mathbb{L} = \{2\}$

d) $\mathbb{L} = \{136\}$

$x : 8 - 6 = 11$ $\qquad$ $\mathbb{G} = \mathbb{N}$
$x : 8 = 11 + 6$
$x : 8 = 17$
$x = 17 \cdot 8$
$x = 136$ $\qquad$ $\mathbb{L} = \{136\}$

e) $\mathbb{L} = \{35\}$

$x : 7 + 18 = 23$ $\qquad$ $\mathbb{G} = \mathbb{N}$
$x : 7 = 23 - 18$
$x : 7 = 5$
$x = 5 \cdot 7$
$x = 35$ $\qquad$ $\mathbb{L} = \{35\}$

Grundwissen mit Übungsaufgaben: Lösungen

Hinweise und Tipps

f) $\mathbb{L} = \{84\}$

$$x : 14 - 5 = 1 \qquad \mathbb{G} = \mathbb{N}$$
$$x : 14 = 1 + 5$$
$$x : 14 = 6$$
$$x = 6 \cdot 14$$
$$x = 84 \qquad \mathbb{L} = \{84\}$$

g) $\mathbb{L} = \{5\}$

$$12 \cdot x - 7 = 53 \qquad \mathbb{G} = \mathbb{N}$$
$$12 \cdot x = 53 + 7$$
$$12 \cdot x = 60$$
$$x = 60 : 12$$
$$x = 5 \qquad \mathbb{L} = \{5\}$$

h) $\mathbb{L} = \{7\}$

$$x \cdot 9 + 38 = 101 \qquad \mathbb{G} = \mathbb{N}$$
$$x \cdot 9 = 101 - 38$$
$$x \cdot 9 = 63$$
$$x = 63 : 9$$
$$x = 7 \qquad \mathbb{L} = \{7\}$$

i) $\mathbb{L} = \{11\}$

$$33 : x + 45 = 48 \qquad \mathbb{G} = \mathbb{N}$$
$$33 : x = 48 - 45$$
$$33 : x = 33 : 3$$
$$x = 11 \qquad \mathbb{L} = \{11\}$$

j) $\mathbb{L} = \{6\}$

$$19 \cdot x + 44 = 158 \qquad \mathbb{G} = \mathbb{N}$$
$$19 \cdot x = 158 - 44$$
$$19 \cdot x = 114$$
$$x = 114 : 19$$
$$x = 6 \qquad \mathbb{L} = \{6\}$$

k) $\mathbb{L} = \{6\}$

$$7 \cdot a - 9 = 33 \qquad \mathbb{G} = \mathbb{N}$$
$$7 \cdot a = 33 + 9$$
$$7 \cdot a = 42$$
$$a = 42 : 7$$
$$a = 6 \qquad \mathbb{L} = \{6\}$$

l) $\mathbb{L} = \{6\}$

$$114 : x + 5 = 24 \qquad \mathbb{G} = \mathbb{N}$$
$$114 : x = 24 - 5$$
$$x = 114 : 19$$
$$x = 6 \qquad \mathbb{L} = \{6\}$$

m) $\mathbb{L} = \{5\}$

$$445 : y - 17 = 72 \qquad \mathbb{G} = \mathbb{N}$$
$$445 : y = 72 + 17$$
$$445 : y = 89$$
$$y = 445 : 89$$
$$y = 5 \qquad \mathbb{L} = \{5\}$$

n) $\mathbb{L} = \{3\}$

$$23 \cdot c + 56 = 125 \qquad \mathbb{G} = \mathbb{N}$$
$$23 \cdot c = 125 - 56$$
$$23 \cdot c = 69$$
$$c = 69 : 23$$
$$c = 3 \qquad \mathbb{L} = \{3\}$$

Grundwissen mit Übungsaufgaben: Lösungen

✏ Hinweise und Tipps

o) $\mathbb{L} = \{225\}$ $\quad\quad b : 9 + 12 = 37 \quad\quad\quad \mathbb{G} = \mathbb{N}$
$\quad\quad\quad\quad\quad\quad\quad\quad b : 9 = 37 - 12$
$\quad\quad\quad\quad\quad\quad\quad\quad b : 9 = 25$
$\quad\quad\quad\quad\quad\quad\quad\quad b = 9 \cdot 25$
$\quad\quad\quad\quad\quad\quad\quad\quad b = 225 \quad\quad\quad\quad\quad \mathbb{L} = \{225\}$

p) $\mathbb{L} = \{17\}$ $\quad\quad 221 : x - 12 = 1 \quad\quad \mathbb{G} = \mathbb{N}$
$\quad\quad\quad\quad\quad\quad\quad\quad 221 : x = 1 + 12$
$\quad\quad\quad\quad\quad\quad\quad\quad 221 : x = 13$
$\quad\quad\quad\quad\quad\quad\quad\quad\quad\quad x = 221 : 13$
$\quad\quad\quad\quad\quad\quad\quad\quad\quad\quad x = 17 \quad\quad\quad\quad\quad \mathbb{L} = \{17\}$

Aufgabe 58

a) $\mathbb{L} = \{37\}$ $\quad\quad x + 8 = 45 \quad\quad\quad \mathbb{G} = \mathbb{N}$
$\quad\quad\quad\quad\quad\quad\quad\quad x = 45 - 8$
$\quad\quad\quad\quad\quad\quad\quad\quad x = 37 \quad\quad\quad\quad\quad \mathbb{L} = \{37\}$

b) $\mathbb{L} = \{55\}$ $\quad\quad 67 - x = 12 \quad\quad\quad \mathbb{G} = \mathbb{N}$
$\quad\quad\quad\quad\quad\quad\quad\quad x = 67 - 12$
$\quad\quad\quad\quad\quad\quad\quad\quad x = 55 \quad\quad\quad\quad\quad \mathbb{L} = \{55\}$

c) $\mathbb{L} = \{387\}$ $\quad\quad x - 99 = 288 \quad\quad\quad \mathbb{G} = \mathbb{N}$
$\quad\quad\quad\quad\quad\quad\quad\quad x = 288 + 99$
$\quad\quad\quad\quad\quad\quad\quad\quad x = 387 \quad\quad\quad\quad\quad \mathbb{L} = \{387\}$

d) $\mathbb{L} = \{299\}$ $\quad\quad 674 + x = 973 \quad\quad\quad \mathbb{G} = \mathbb{N}$
$\quad\quad\quad\quad\quad\quad\quad\quad x = 973 - 674$
$\quad\quad\quad\quad\quad\quad\quad\quad x = 299 \quad\quad\quad\quad\quad \mathbb{L} = \{299\}$

e) $\mathbb{L} = \{14\}$ $\quad\quad x \cdot 35 = 490 \quad\quad\quad \mathbb{G} = \mathbb{N}$
$\quad\quad\quad\quad\quad\quad\quad\quad x = 490 : 35$
$\quad\quad\quad\quad\quad\quad\quad\quad x = 14 \quad\quad\quad\quad\quad \mathbb{L} = \{14\}$

f) $\mathbb{L} = \{1\,872\}$ $\quad\quad x : 12 = 156 \quad\quad\quad \mathbb{G} = \mathbb{N}$
$\quad\quad\quad\quad\quad\quad\quad\quad x = 156 \cdot 12$
$\quad\quad\quad\quad\quad\quad\quad\quad x = 1\,872 \quad\quad\quad\quad\quad \mathbb{L} = \{1\,872\}$

g) $\mathbb{L} = \{7\}$ $\quad\quad 301 : x = 43 \quad\quad\quad \mathbb{G} = \mathbb{N}$
$\quad\quad\quad\quad\quad\quad\quad\quad x = 301 : 43$
$\quad\quad\quad\quad\quad\quad\quad\quad x = 7 \quad\quad\quad\quad\quad \mathbb{L} = \{7\}$

h) $\mathbb{L} = \{3\}$ $\quad\quad 17 \cdot x = 51 \quad\quad\quad \mathbb{G} = \mathbb{N}$
$\quad\quad\quad\quad\quad\quad\quad\quad x = 51 : 17$
$\quad\quad\quad\quad\quad\quad\quad\quad x = 3 \quad\quad\quad\quad\quad \mathbb{L} = \{3\}$

i) $\mathbb{L} = \{15\}$ $\quad\quad 5 \cdot x + 39 = 114 \quad\quad \mathbb{G} = \mathbb{N}$
$\quad\quad\quad\quad\quad\quad\quad\quad 5 \cdot x = 114 - 39$
$\quad\quad\quad\quad\quad\quad\quad\quad 5 \cdot x = 75$
$\quad\quad\quad\quad\quad\quad\quad\quad\quad\quad x = 75 : 5$
$\quad\quad\quad\quad\quad\quad\quad\quad\quad\quad x = 15 \quad\quad\quad\quad\quad \mathbb{L} = \{15\}$

Grundwissen mit Übungsaufgaben: Lösungen

Hinweise und Tipps

j) $\mathbb{L} = \{3762\}$

$x : 9 + 18 = 216$ $\mathbb{G} = \mathbb{N}$
$x : 9 = 216 - 18$
$x : 9 = 198$
$x = 198 \cdot 9$
$x = 1\,782$ $\mathbb{L} = \{1\,782\}$

k) $\mathbb{L} = \{4\}$

$100 : x - 21 = 4$ $\mathbb{G} = \mathbb{N}$
$100 : x = 4 + 21$
$100 : x = 25$
$x = 100 : 25$
$x = 4$ $\mathbb{L} = \{4\}$

l) $\mathbb{L} = \{7\}$

$22 \cdot x + 8 = 162$ $\mathbb{G} = \mathbb{N}$
$22 \cdot x = 162 - 8$
$22 \cdot x = 154$
$x = 154 : 22$
$x = 7$ $\mathbb{L} = \{7\}$

m) $\mathbb{L} = \{47\}$

$4 \cdot x - 7 = 181$ $\mathbb{G} = \mathbb{N}$
$4 \cdot x = 181 + 7$
$4 \cdot x = 188$
$x = 188 : 4$
$x = 47$ $\mathbb{L} = \{47\}$

n) $\mathbb{L} = \{6\}$

$102 : x - 3 = 14$ $\mathbb{G} = \mathbb{N}$
$102 : x = 14 + 3$
$102 : x = 17$
$x = 102 : 17$
$x = 6$ $\mathbb{L} = \{6\}$

o) $\mathbb{L} = \{102\}$

$x - 3 \cdot 19 = 45$ $\mathbb{G} = \mathbb{N}$
$x - 57 = 45$
$x = 45 + 57$
$x = 102$ $\mathbb{L} = \{102\}$

p) $\mathbb{L} = \{23\}$

$2 \cdot x - 6 \cdot 7 = 52 : 13$ $\mathbb{G} = \mathbb{N}$
$2 \cdot x - 42 = 4$
$2 \cdot x = 4 + 42$
$2 \cdot x = 46$
$x = 46 : 2$
$x = 23$ $\mathbb{L} = \{23\}$

q) $\mathbb{L} = \{14\}$

$5 \cdot x + 8 = 2 \cdot 39$ $\mathbb{G} = \mathbb{N}$
$5 \cdot x + 8 = 78$
$5 \cdot x = 78 - 8$
$5 \cdot x = 70$
$x = 70 : 5$
$x = 14$ $\mathbb{L} = \{14\}$

r) $\mathbb{L} = \{2\}$

$8 \cdot 9 - 3x = 660 : 10$ $\mathbb{G} = \mathbb{N}$
$72 - 3x = 66$
$3x = 72 - 66$
$3x = 6$
$x = 6 : 3$
$x = 2$ $\mathbb{L} = \{2\}$

Grundwissen mit Übungsaufgaben: Lösungen

✎ Hinweise und Tipps

s) $\mathbb{L} = \{20\}$

$60 + 90 + 70 + x = 240$ $\qquad \mathbb{G} = \mathbb{N}$
$220 + x = 240$
$x = 240 - 220$
$x = 20 \qquad \mathbb{L} = \{20\}$

Antwort: Am vierten Tag müssen sie noch 20 km zurücklegen.

t) $\mathbb{L} = \{750\}$

$11\,000 + 8 \cdot x = 17\,000 \qquad \mathbb{G} = \mathbb{N}$
$8 \cdot x = 17\,000 - 11\,000$
$8 \cdot x = 6\,000$
$x = 750 \qquad \mathbb{L} = \{750\}$

Antwort: Eine Monatsrate beträgt 750 €.

u) $\mathbb{L} = \{30\}$

$150 \cdot 90 + 70 \cdot x = 15\,600 \qquad \mathbb{G} = \mathbb{N}$
$13\,500 + 70 \cdot x = 15\,600$
$70 \cdot x = 15\,600 - 13\,500$
$70 \cdot x = 2\,100$
$x = 2\,100 : 70$
$x = 30 \qquad \mathbb{L} = \{30\}$

Antwort: Sie verkaufte 30 Salatköpfe für 70 Ct pro Stück.

Aufgabe 59

a) $\mathbb{L} = \{1;\ 2;\ 3;\ \ldots;\ 7\}$ $\qquad 22 + x < 30 \qquad \mathbb{G} = \mathbb{N}$

b) $\mathbb{L} = \{20;\ 25;\ 30;\ 35;\ 40;\ 45\}$ $\qquad 45 - x < 26 \qquad \mathbb{G} = V_5$

c) $\mathbb{L} = \{19;\ 20;\ 21;\ \ldots\}$ $\qquad x - 12 \geq 7 \qquad \mathbb{G} = \mathbb{N}$

d) $\mathbb{L} = \{1;\ 2;\ 3;\ 4;\ 5\}$ $\qquad 6 \cdot x \leq 32 \qquad \mathbb{G} = \mathbb{N}$

e) $\mathbb{L} = \{40;\ 48;\ 56;\ \ldots\}$ $\qquad x : 4 > 8 \qquad \mathbb{G} = V_8$

f) $\mathbb{L} = \{4;\ 5;\ 6;\ \ldots\}$ $\qquad 7 \cdot x + 8 \geq 35 \qquad \mathbb{G} = \mathbb{N}$

g) $\mathbb{L} = \{1;\ 2\}$ $\qquad 22 \cdot x + 3 < 48 \qquad \mathbb{G} = \mathbb{N}$

h) $\mathbb{L} = \{0;\ 1;\ 2\}$ $\qquad 5 \cdot x + 3 \leq 17 \qquad \mathbb{G} = \mathbb{N}_0$

i) $\mathbb{L} = \{9;\ 10;\ 11;\ \ldots\}$ $\qquad 4 \cdot x - 8 > 24 \qquad \mathbb{G} = \mathbb{N}$

j) $\mathbb{L} = \{9;\ 18;\ 27;\ 36\}$ $\qquad x : 3 - 3 < 12 \qquad \mathbb{G} = V_9$

Aufgabe 60

a) $\mathbb{L} = \{1;\ 2;\ 3;\ \ldots;\ 24\}$ $\qquad x - 16 < 9 \qquad \mathbb{L} = \{1;\ 2;\ 3;\ \ldots;\ 24\}$

b) $\mathbb{L} = \{7;\ 8;\ 9;\ \ldots\}$ $\qquad 77 + x > 83 \qquad \mathbb{L} = \{7;\ 8;\ 9;\ \ldots\}$

c) $\mathbb{L} = \{26;\ 27;\ 28;\ \ldots\}$ $\qquad 45 - x \leq 19 \qquad \mathbb{L} = \{26;\ 27;\ 28;\ \ldots\}$

d) $\mathbb{L} = \{17;\ 18;\ 19;\ \ldots\}$ $\qquad 15 + x \geq 2^5 \qquad \mathbb{L} = \{17;\ 18;\ 19;\ \ldots\}$

e) $\mathbb{L} = \{1;\ 2;\ 3;\ \ldots;\ 41\}$ $\qquad x + 102 < 12^2 \qquad \mathbb{L} = \{1;\ 2;\ 3;\ \ldots;\ 41\}$

f) $\mathbb{L} = \{1;\ 2;\ 3;\ \ldots;\ 70\}$ $\qquad x - 3 \cdot 11 \leq 37 \qquad \mathbb{L} = \{1;\ 2;\ 3;\ \ldots;\ 70\}$

g) $\mathbb{L} = \{1;\ 2;\ 3;\ \ldots;\ 8\}$ $\qquad 3 \cdot x < 25 \qquad \mathbb{L} = \{1;\ 2;\ 3;\ \ldots;\ 8\}$

h) $\mathbb{L} = \{72;\ 84;\ 96;\ \ldots\}$ $\qquad x : 12 > 5 \qquad \mathbb{L} = \{72;\ 84;\ 96;\ \ldots\}$

Grundwissen mit Übungsaufgaben: Lösungen

✏ Hinweise und Tipps

i) $\mathbb{L} = \{30; 40; 60; 100; 150; 300\}$ $300 : x \leq 10$ $\mathbb{L} = \{30; 40; 60; 100; 150; 300\}$

j) $\mathbb{L} = \{4; 5; 6; ...\}$ $x \cdot 13 \geq 42$ $\mathbb{L} = \{4; 5; 6; ...\}$

Aufgabe 61

a) $T_{18} = \{1; 2; 3; 6; 9; 18\}$

b) $T_{64} = \{1; 2; 4; 8; 16; 32; 64\}$

c) $T_{24} = \{1; 2; 3; 4; 6; 8; 12; 24\}$

d) $T_{52} = \{1; 2; 4; 13; 26; 52\}$

e) $T_{68} = \{1; 2; 4; 17; 34; 68\}$

f) $T_{72} = \{1; 2; 3; 4; 6; 8; 9; 12; 18; 24; 36; 72\}$

g) $T_{38} = \{1; 2; 19; 38\}$

h) $T_{75} = \{1; 3; 5; 15; 25; 75\}$

Aufgabe 62

a) $V_3 = \{3; 6; 9; 12; 15; 18; ...\}$

b) $V_4 = \{4; 8; 12; 16; 20; 24; ...\}$

c) $V_5 = \{5; 10; 15; 20; 25; 30; ...\}$

d) $V_7 = \{7; 14; 21; 28; 35; 42; ...\}$

e) $V_8 = \{8; 16; 24; 32; 40; 48; ...\}$

f) $V_9 = \{9; 18; 27; 36; 45; 54; ...\}$

g) $V_{10} = \{10; 20; 30; 40; 50; 60; ...\}$

h) $V_{11} = \{11; 22; 33; 44; 55; 66; ...\}$

i) $V_{12} = \{12; 24; 36; 48; 60; 72; ...\}$

j) $V_{13} = \{13; 26; 39; 52; 65; 78; ...\}$

k) $V_{14} = \{14; 28; 42; 56; 70; 84; ...\}$

l) $V_{15} = \{15; 30; 45; 60; 75; 90; ...\}$

m) $V_{16} = \{16; 32; 48; 64; 80; 96; ...\}$

n) $V_{17} = \{17; 34; 51; 68; 85; 102; ...\}$

o) $V_{18} = \{18; 36; 54; 72; 90; 108; ...\}$

p) $V_{19} = \{19; 38; 57; 76; 95; 114; ...\}$

q) $V_{20} = \{20; 40; 60; 80; 100; 120; ...\}$

r) $V_{24} = \{24; 48; 72; 96; 120; 144; ...\}$

s) $V_{36} = \{36; 72; 108; 144; 180; 216; ...\}$

Grundwissen mit Übungsaufgaben: Lösungen

Hinweise und Tipps

Aufgabe 63

a) **110**   kgV(22; 55) = 110

b) **96**   kgV(12; 32) = 96

c) **95**   kgV(5; 19) = 95

d) **72**   kgV(12; 18; 24) = 72

e) **45**   kgV(9; 15) = 45

f) **128**   kgV(8; 128) = 128

g) **144**   kgV(16; 36) = 144

h) **54**   kgV(18; 27) = 54

i) **144**   kgV(16; 18) = 144

j) **220**   kgV(2; 5; 44) = 220

Aufgabe 64

a) **45**   ggT(45; 90) = 45

b) **11**   ggT(22; 33) = 11

c) **21**   ggT(63; 84) = 21

d) **12**   ggT(24; 36) = 12

e) **9**   ggT(27; 63) = 9

f) **13**   ggT(65; 182) = 13

g) **15**   ggT(30; 45) = 15

Aufgabe 65

a)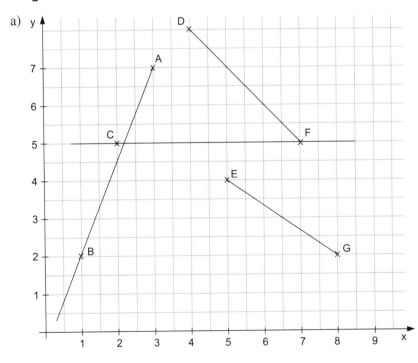

b) [AB   Halbgerade
  [EG]   Strecke
  CF   Gerade
  [DF]   Strecke

c) $\overline{EG} = 3{,}6 \text{ cm}$
   $\overline{DF} = 4{,}2 \text{ cm}$

Aufgabe 66

a)
b)
c)
d)

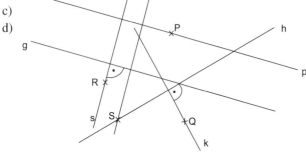

Aufgabe 67

a) **p ist parallel zu s.**

Hinweise und Tipps

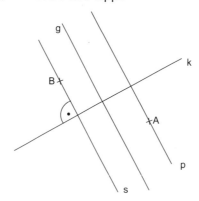

b) $p \parallel s$

Aufgabe 68

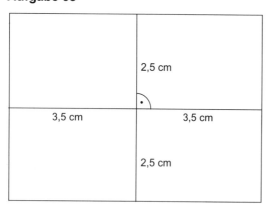

Aufgabe 69

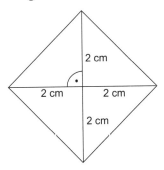

Aufgabe 70

Aufgabe 71

a) (1) **16 cm**
   (2) **28 m**
   (3) **64 cm**
   (4) **1 m**
   (5) **13,6 cm**

b) (1) **16 cm**
   (2) **22 cm**
   (3) **7 cm**
   (4) **15 m**
   (5) **174 cm**

c) (1) **18 cm**
   (2) **32 cm**
   (3) **34 cm**
   (4) **16 mm**
   (5) **9 cm**

d) (1) **9 mm**
   (2) **37 cm**
   (3) **30 cm**
   (4) **12 dm**
   (5) **1 m**

Hinweise und Tipps

$u = 4\ \text{cm} \cdot 4 = 16\ \text{cm}$
$u = 7\ \text{m} \cdot 4 = 28\ \text{m}$
$u = 16\ \text{cm} \cdot 4 = 64\ \text{cm}$
$u = 25\ \text{cm} \cdot 4 = 100\ \text{cm} = 1\ \text{m}$
$u = 34\ \text{mm} \cdot 4 = 136\ \text{mm} = 13,6\ \text{cm}$

$u = 2 \cdot 2\ \text{cm} + 2 \cdot 6\ \text{cm} = 4\ \text{cm} + 12\ \text{cm} = 16\ \text{cm}$
$u = 2 \cdot (4+7)\ \text{cm} = 2 \cdot 11\ \text{cm} = 22\ \text{cm}$
$u = 2 \cdot (15+20)\ \text{mm} = 2 \cdot 35\ \text{mm} = 70\ \text{mm} = 7\ \text{cm}$
$u = 2 \cdot (20+55)\ \text{dm} = 2 \cdot 75\ \text{dm} = 150\ \text{dm} = 15\ \text{m}$
$u = 2 \cdot (72+15)\ \text{cm} = 2 \cdot 87\ \text{cm} = 174\ \text{cm}$

$u = 72\ \text{cm} : 4 = 18\ \text{cm}$
$u = 128\ \text{cm} : 4 = 32\ \text{cm}$
$u = 136\ \text{cm} : 4 = 34\ \text{cm}$
$u = 68\ \text{mm} : 4 = 16\ \text{mm} = 1,6\ \text{cm}$
$u = 36\ \text{cm} : 4 = 9\ \text{cm}$

$b = 5,8\ \text{cm} : 2 - 2\ \text{cm} = 58\ \text{mm} : 2 - 2\ \text{cm} = 29\ \text{mm} - 20\ \text{mm} = 9\ \text{mm}$
$b = 8\ \text{dm} : 2 - 3\ \text{cm} = 4\ \text{dm} - 3\ \text{cm} = 40\ \text{cm} - 3\ \text{cm} = 37\ \text{cm}$
$\ell = 94\ \text{cm} : 2 - 17\ \text{cm} = 47\ \text{cm} - 17\ \text{cm} = 30\ \text{cm}$
$b = 36\ \text{dm} : 2 - 6\ \text{dm} = 18\ \text{dm} - 6\ \text{dm} = 12\ \text{dm}$
$b = 40\ \text{dm} : 2 - 1\ \text{m} = 20\ \text{dm} - 10\ \text{dm} = 10\ \text{dm} = 1\ \text{m}$

Grundwissen mit Übungsaufgaben: Lösungen

Hinweise und Tipps

Aufgabe 72

u = 176 cm
A = 19,2 dm²

$u = 2 \cdot (48 + 40) = 2 \cdot 88 = 176$ (cm)
$A = 48 \cdot 40 = 1920$ (cm²) $= 19,2$ (dm²)

Aufgabe 73

a) 13 kg

$A = 17 \cdot 22 = 374$ (m²)
$374 : 30 = 12$ Rest 14
Antwort: 13 kg Grassamen müssen gekauft werden.

b) 78 m

$u = 2 \cdot (17 + 22) = 2 \cdot 39 = 78$ (m)

Aufgabe 74

a) b = 12 m
   u = 60 cm

$A = 216$ cm², $a = 18$ cm
$216 = 18 \cdot b$
$\quad b = 216 : 18$
$\quad b = 12$ (cm)
$u = 2 \cdot (18 + 12) = 2 \cdot 30 = 60$ (cm)

b) b = 75 m
   u = 380 m

$A = 86,25$ a $= 8625$ m², $a = 115$ m
$8\,625 = 115 \cdot b$
$\quad b = 8\,625 : 115$
$\quad b = 75$ (m)
$u = 2 \cdot (115 + 75) = 2 \cdot 190 = 380$ (m)

c) b = 120 m
   u = 670 m

$A = 2,58$ ha $= 258$ a $= 25\,800$ m², $a = 215$ m
$25\,800 = 215 \cdot b$
$\quad b = 25\,800 : 215$
$\quad b = 120$ (m)
$u = 2 \cdot (215 + 12) = 2 \cdot 335 = 670$ (m)

Aufgabe 75

a) a = 8 cm
   u = 32 cm

Hier musst du die Quadratzahlen kennen!
$A = 64$ cm²
$a = 8$ cm, da $8^2 = 64$
$u = 4 \cdot 8$ cm $= 32$ cm

b) a = 13 m
   u = 52 m

$A = 1,69$ a $= 169$ m²
$a = 13$ m, da $13^2 = 169$
$u = 4 \cdot 13$ m $= 52$ m

c) a = 18 m
   u = 40 m²

$A = 3,24$ a $= 324$ m²
$u = 4 \cdot 18$ m $= 72$ m

Grundwissen mit Übungsaufgaben: Lösungen

Hinweise und Tipps

Aufgabe 76

a) b = 5 m
   A = 40 m²

$u = 26$ m, $a = 8$ m $2 \cdot 8 = 16$ $\Rightarrow$ $26 - 16 = 10$
$10 = 2 \cdot b$
$b = 10 : 2$
$b = 5$ (m)
$A = 8 \cdot 5 = 40$ (m²)

b) b = 12 cm
   A = 408 cm²

$u = 92$ cm, $a = 3,4$ dm $= 34$ cm $2 \cdot 34 = 68$ $\Rightarrow$ $92 - 68 = 24$
$24 = 2 \cdot b$
$b = 24 : 2$
$b = 12$ (cm)
$A = 34 \cdot 12 = 408$ (cm²)

c) a = 6 km
   A = 24 km²

$u = 20$ km, $a = 4$ km $2 \cdot 4 = 8$ $\Rightarrow$ $20 - 8 = 12$
$12 = 2 \cdot b$
$b = 12 : 2$
$b = 6$ (km)
$A = 4 \cdot 6 = 24$ (km²)

Aufgabe 77

a) a = 1,6 km
   A = 256 ha

$u = 6,4$ km $= 6\,400$ m $= 4 \cdot a$
$a = 1\,600$ (m) $= 1,6$ km
$A = 1\,600$ m $\cdot 1\,600$ m $= 2\,560\,000$ m²
$A = 256$ ha

b) a = 4 dm
   A = 16 dm²

$u = 1,6$ m $= 16$ dm $= 4 \cdot a$
$a = 16 : 4 = 4$ (dm)
$A = a \cdot a = 4 \cdot 4 = 16$ (dm²)

Aufgabe 78

19 148,80 €

$A = 256 \cdot 2 = 512$ (m²)
$512 \cdot 3\,740 = 1\,914\,880$ (Ct) $= 19\,148,80$ €
Antwort: Der Bürgersteig kostet 19 148,80 €.

Aufgabe 79

16 200 kg

$A = 120 \cdot 75 = 9\,000$ (m²) $= 90$ (a)
$90 \cdot 180 = 16\,200$ (kg)

Aufgabe 80

70 m²

$A = 960 \cdot 720 = 691\,200$ (cm²) $= 69,12$ m²
70 m² Fußboden werden benötigt.

3 290 €

$70 \cdot 47 = 3\,290$ (€)
Antwort: Der Fußboden kostet 3 290 €.

Aufgabe 81

924 m²
42 m

$369\,600 : 400 = 924$ (m²)
$924 : 22 = 42$ (m)

Grundwissen mit Übungsaufgaben: Lösungen

⁄ Hinweise und Tipps

Aufgabe 82

a) **40 Kästchen**

b) **49 Kästchen**

c) **48 Kästchen**

d) **36 Kästchen**

Aufgabe 83

A = B

A: 40 Kästchen
B: 40 Kästchen
C: 38 Kästchen
D: 39 Kästchen

Aufgabe 84

a) **1 750 mm²**

$A = 50 \cdot 20 + 30 \cdot 20 + 10 \cdot 15 = 1\,000 + 600 + 150 = 1\,750$ (mm²)

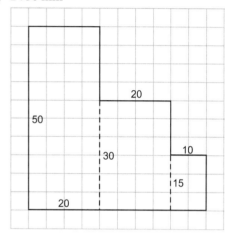

b) **1 550 mm²**

$A = 500 + 450 + 300 + 300 = 1\,550$ (mm²)

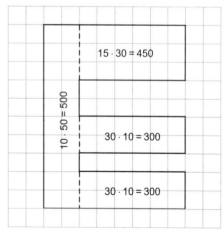

Grundwissen mit Übungsaufgaben: Lösungen

✎ Hinweise und Tipps

c) **1 000 mm²**

$A = 750 + 250 = 1\,000$ (mm²)

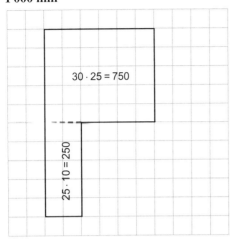

Aufgabe 85

a)
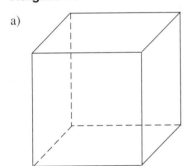

b) **V = 27 cm³**
   O = 54 cm²

$V = 3 \cdot 3 \cdot 3 = 27$ (cm³)
$O = 6 \cdot 3^2 = 6 \cdot 9 = 54$ (cm²)

Aufgabe 86

a)
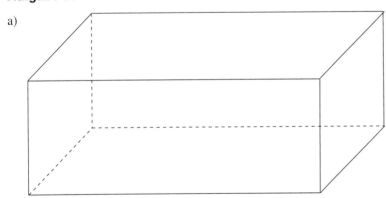

b) **V = 120 cm³**
   O = 158 cm²

$V = 5 \cdot 8 \cdot 3 = 120$ (cm³)
$O = 2 \cdot (5 \cdot 8 + 5 \cdot 3 + 8 \cdot 3) = 2 \cdot (40 + 15 + 24) = 2 \cdot 79 = 158$ (cm²)

Grundwissen mit Übungsaufgaben: Lösungen

Hinweise und Tipps

Aufgabe 87

a) **V = 43,2 dm³**
   O = 11 376 cm²

   $V = 24 \cdot 150 \cdot 12 = 3\,600 \cdot 12 = 43\,200$ (cm³) = 43,2 dm³
   $O = 2 \cdot (24 \cdot 150 + 24 \cdot 12 + 150 \cdot 12) = 2 \cdot (3\,600 + 288 + 1\,800) =$
   $= 2 \cdot 5\,688 = 11\,376$ (cm²)

b) **V = 1 728 m³**
   O = 864 m²

   $V = 12 \cdot 12 \cdot 12 = 144 \cdot 12 = 1\,728$ (m³)
   $O = 6 \cdot 12^2 = 6 \cdot 144 = 864$ (m²)

c) **V = 2 912 dm³**
   O = 1 228 dm²

   a = 16 dm; b = 13 dm; c = 14 dm
   $V = 16 \cdot 13 \cdot 14 = 208 \cdot 14 = 2912$ (dm³)
   $O = 2 \cdot (16 \cdot 13 + 16 \cdot 14 + 13 \cdot 14) = 2 \cdot (208 + 224 + 182) = 2 \cdot 614 = 1\,228$ (dm²)

d) **V = 36 m³**
   O = 100,8 m²

   $\ell = 12$ dm; b = 150 dm; h = 20 dm
   $V = 12 \cdot 150 \cdot 20 = 1\,800 \cdot 20 = 36\,000$ (dm³)
   $O = 2 \cdot (12 \cdot 150 + 12 \cdot 20 + 150 \cdot 20) = 2 \cdot (1\,800 + 240 + 3\,000) =$
   $= 2 \cdot 5\,040 = 10\,080$ (dm²) = 100,8 m²

e) **V = 343 dm³**
   O = 294 dm²

   $V = 7^3 = 49 \cdot 7 = 343$ (dm³)
   $O = 6 \cdot 7^2 = 6 \cdot 49 = 294$ (dm²)

Aufgabe 88

2,16 m³

$V = 30 \cdot 18 \cdot 4 = 540 \cdot 4 = 2\,160$ (dm³) = 2,16 m³
Antwort: Es sind 2,16 m³ Sand auf dem Lkw.

Aufgabe 89

a) **V = 640 dm³**

   $V = 80 \cdot 50 \cdot 160 = 4\,000 \cdot 160 = 640\,000$ (cm³) = 640 dm³

b) **4,16 m²**

   Schalung: $(160 \cdot 50 + 160 \cdot 80) \cdot 2 = (8\,000 + 12\,800) \cdot 2 =$
   $= 20\,800 \cdot 2 = 41\,600$ (cm²) = 416 (dm²) = 4,16 m²

Aufgabe 90

720 dm³

$V = 40 \cdot 40 \cdot 450 = 1\,600 \cdot 450 = 720\,000$ (cm³) = 720 dm³

Aufgabe 91

a) **24 000 hl**

   $V = 500 \cdot 200 \cdot 24 = 100\,000 \cdot 24 = 2\,400\,000$ (dm³) =
   $= 2\,400$ (m³) = 2 400 000 (ℓ) = 24 000 hl
   Antwort: Es passen 24 000 hl Wasser in das Schwimmbad.

b) **1 000 m²**

   $O = 50 \cdot 20 = 1\,000$ (m²)
   Antwort: Die Wasseroberfläche misst 1 000 m².

c) **1 336 m²**

   $A = 2 \cdot (500 \cdot 24 + 200 \cdot 24) + 500 \cdot 200 = 2 \cdot (12\,000 + 4\,800) + 100\,000 =$
   $= 2 \cdot 16\,800 + 100\,000 = 133\,600$ (dm²) = 1 336 m²
   Antwort: Es müssen 1 336 m² gestrichen werden.

Aufgabe 92

1,6 m

$A = 12 \cdot 25 = 300$
$480 = 300 \cdot h$
$\quad h = 480 : 300$
$\quad h = 1{,}6\ (m)$
Antwort: Das Wasser ist 1,60 m tief.

Aufgabe 93

a)

Apfel														
Birne									
Kirsche									
Zwetschge						
Sonstiges					

Die Obstsorten Mirabelle und Reneklode werden unter „Sonstiges" zusammengefasst.

b)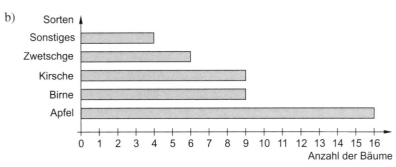

c)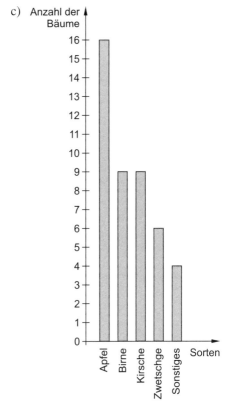

Grundwissen mit Übungsaufgaben: Lösungen

✎ Hinweise und Tipps

Aufgabe 94

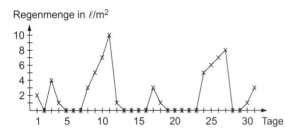

Auf der x-Achse trägst du die Tage ein.
Zum Festlegen der y-Achse suchst du zunächst in der Tabelle den größten Wert und überlegst dir dann eine sinnvolle Einteilung.

Aufgabe 95

Es gibt 24 Möglichkeiten.

Ein Baumdiagramm hilft dir, die verschiedenen Kombinationen aufzuschreiben.
Überlege zunächst, wie viele Möglichkeiten es gibt, wenn du die 1. Farbe festlegst (z. B. Weiß):

Wenn die 1. Farbe Weiß ist, gibt es 6 Möglichkeiten, die Farben anzuordnen.
Ebenso gibt es jeweils 6 Möglichkeiten, wenn die 1. Farbe Ocker bzw. Aubergine bzw. Safarigrün ist.
Insgesamt ergeben sich so $4 \cdot 6 = 24$ Möglichkeiten.

Aufgabe 96

a) Der sonnenreichste Tag war der **6. September**.

b) Der sonnenärmste Tag war der **8. September**.

Suche das höchste Kreuzchen heraus und lies darunter den Tag ab.

Suche das niedrigste Kreuzchen heraus und lies darunter den Tag ab.

Aufgabe 97

Die Aussage ist **nicht richtig**, weil Anton 2 Geschwister hat und Viktor 5, also nicht doppelt so viele.

Das Diagramm gibt die Anzahl der Kinder pro Familie an, nicht die Anzahl der Geschwister. Du musst also immer 1 abziehen.

▶ Original-Tests

Bayerischer Mathematik-Test
Realschule 6. Klasse – 2007

Aufgabe 1

Berechne.

1.1 $31 + 9 \cdot 11 - 10 = 120$

1.2 $3^3 - 4^2 - 5^1 =$

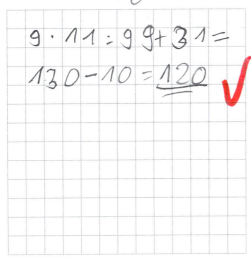

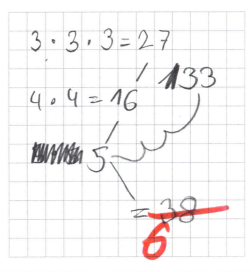

Aufgabe 2

Gib die Lösung der Gleichung an.

$45 + 5 \cdot x = 100$

Aufgabe 3

Die Strecke [AB] ist 25 km lang. Es gilt $\overline{AC} - \overline{AB} = 10$ km.

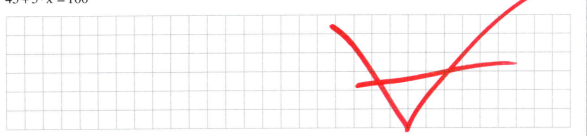

Wie lang ist die Strecke [AC]?

35 km ist die Strecke C

Aufgabe 4

Bestimme die Anzahl aller Dreiecke, die in der Zeichnung enthalten sind.

Anzahl der Dreiecke: __7__ ✓

Aufgabe 5

Zeichne drei Geraden, die sich in

5.1 keinem Punkt schneiden.

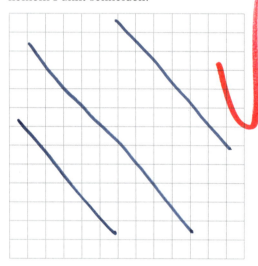 ✓

5.2 genau einem Punkt schneiden.

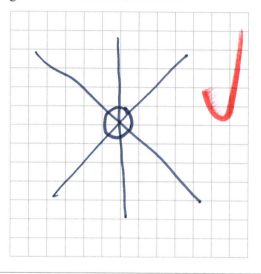 ✓

Aufgabe 6

Die 14 Jungen und 12 Mädchen der Klasse 5a stimmen über das Ziel für den Wandertag ab. Jedes Kind hat sich für ein Ziel entschieden. So haben sie abgestimmt:

Ergänze die Lücken in der Tabelle.

	Jungen	Mädchen	Gesamt
Badesee	5	2	7
Wanderung	6	3	9
Tierpark	3	7	10

✓

Aufgabe 7

Du baust Türme aus Holzquadern. Dazu hast du 5 Quader mit folgenden Maßen:

Kanten-länge	roter Quader	blauer Quader	grüner Quader	brauner Quader	weißer Quader
a	3 cm	2 cm	3 cm	3 cm	5 cm
b	3 cm	4 cm	1 cm	5 cm	4 cm
c	3 cm	1 cm	2 cm	6 cm	4 cm

7.1 Welcher Quader liegt unten, wenn die Grundfläche eines Turms 15 cm² beträgt?

7.2 Wie hoch ist der höchste Turm, den du mit diesen 5 Quadern bauen kannst?

21 cm hoch

Aufgabe 8

Wie viele Flaschen Apfelsaft zu je einem halben Liter kannst du aus einem Fass, das 80 Liter Apfelsaft enthält, abfüllen?

160 Flaschen kann man aus einem 80 Liter Fass abfüllen

Aufgabe 9

Gerdas Laserdrucker druckt 6 Seiten pro Minute.
Wie lange braucht er zum Ausdrucken eines Textes von 9 Seiten?

1½ minuten braucht mann um den Text zu kopieren

Aufgabe 10

Die Wand eines Klassenzimmers soll gestrichen werden (siehe Skizze). Wie viele Quadratmeter sind das?

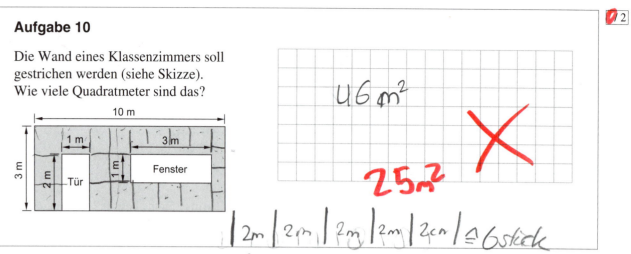

46 m²

25 m² ✗

| 2m | 2m | 2m | 2m | 2m | ≙ 6 stück

Aufgabe 11

Wie viele Zaunpfosten braucht man für einen 10 m langen, geraden Zaun, wenn sie in einem Abstand von 2 m aufgestellt werden?

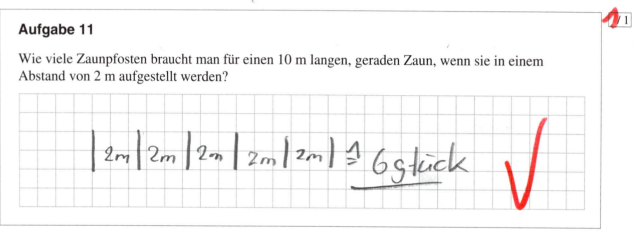

| 2m | 2m | 2m | 2m | 2m | ≙ 6 stück ✓

Aufgabe 12

Welche Zahl liegt genau in der Mitte zwischen 99 und 999?

☒ 449   ☐ 450   ☐ 500   ☒ 549   ☐ 550

198 : 2 = 99 ✗

Aufgabe 13

Wie viele dreistellige Zahlen mit der Quersumme 2 gibt es?

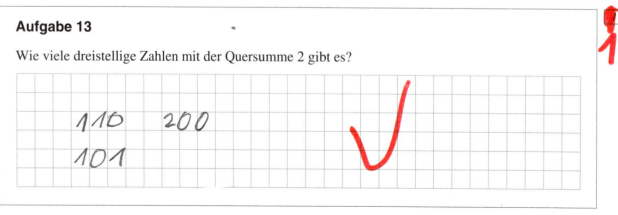

110   200
101   ✓

Aufgabe 14

Ergänze passend: 3   9   **27**   81

Aufgabe 15

Elisabeth fährt mit ihrem Einrad 450 m weit. Wie viele Umdrehungen hat das Rad gemacht, wenn der Reifen einen Umfang von 2 m hat?

225 umdrehungen

Aufgabe 16

Zeichne ein Netz eines Würfels mit der Kantenlänge 1 cm.

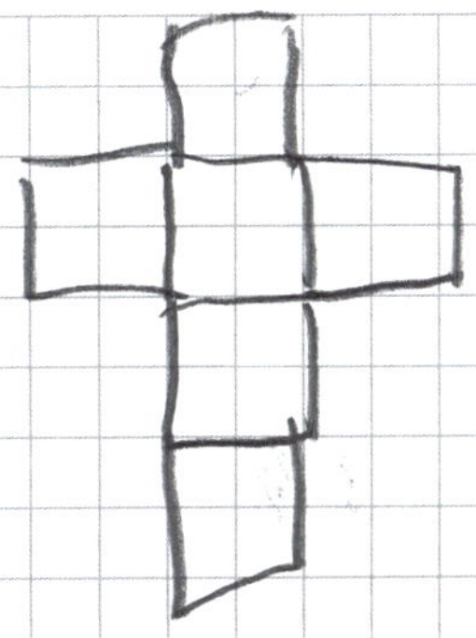

Aufgabe 17

Ulla möchte entsprechend nebenstehender Skizze aus einem rechteckigen Karton mit 40 cm Länge eine 5 cm hohe quaderförmige Schachtel für ihr Muttertagsgeschenk basteln. Wie lang wird die Schachtel?

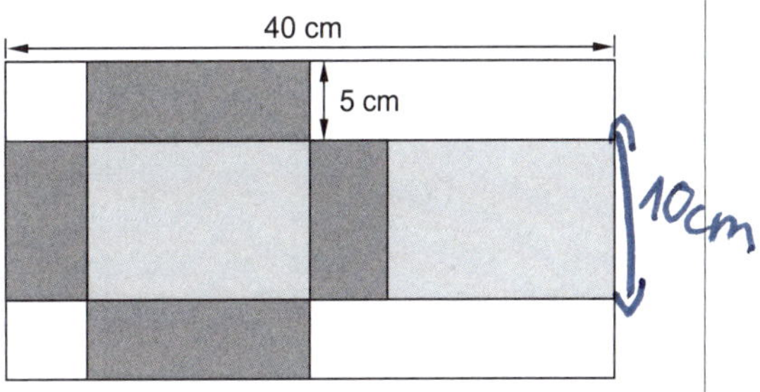

15 cm

Lösungen

Aufgabe 1

1.1 **120**

Hinweise und Tipps

$31 + 9 \cdot 11 - 10 = 31 + 99 - 10$
$= 130 - 10$
$= 120$

Hier musst du Punkt vor Strich beachten!

1.2 **6**

$3^3 - 4^2 - 5^1 = 3 \cdot 3 \cdot 3 - 4 \cdot 4 - 5$
$= 27 - 16 - 5$
$= 11 - 5$
$= 6$

Hier musst du zuerst die Potenzen berechnen und dann von links nach rechts subtrahieren.

Aufgabe 2

11

Hinweise und Tipps

Hier wird zuerst die Umkehraufgabe für die Addition ($\to$ Subtraktion) gebildet und dann die Umkehraufgabe zur Multiplikation ($\to$ Division) gerechnet.

$45 + 5 \cdot x = 100$
$5 \cdot x = 100 - 45$
$5 \cdot x = 55$
$x = 55 : 5$
$x = 11$

Aufgabe 3

35 km

Hinweise und Tipps

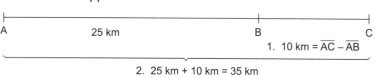

Du weißt, dass die Streckenlänge von [AB] 25 km ist und dass die Gesamtstrecke abzüglich $\overline{AB}$ 10 km lang ist. Also erhältst du die Länge der Gesamtstrecke, indem du die beiden Längen addierst.

Aufgabe 4

7

Hinweise und Tipps

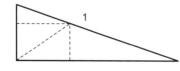
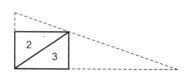
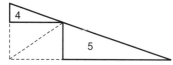
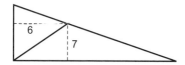

Aufgabe 5

5.1 z. B.:

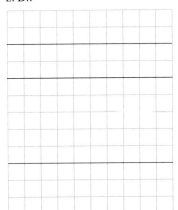

Hinweise und Tipps

Die Geraden müssen parallel zueinander liegen. Möglich wäre auch z. B.

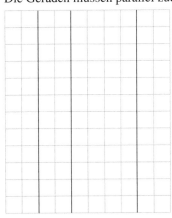 oder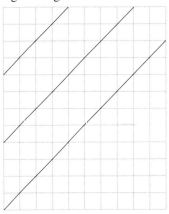

5.2 z. B.:

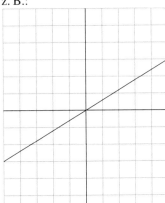

Alle drei Geraden dürfen nur einen Punkt (den Büschelpunkt) gemeinsam haben!

Aufgabe 6

	Jungen	Mädchen	Gesamt
Badesee	5	**2**	7
Wanderung	**6**	3	9
Tierpark	3	**7**	**10**
Gesamt	14	12	26

Hinweise und Tipps

Die Klasse hat 26 Kinder. 16 davon haben sich bereits für die anderen Ziele entschieden. Also stimmen 10 Kinder für den Tierpark.

Damit ergeben sich 7 Mädchen für den Tierpark:
10 Kinder – 3 Jungen → 7 Mädchen

Bei der Wanderung sind es insgesamt 9 Schüler, davon sind 3 Mädchen. Deshalb stimmen 6 Jungen für die Wanderung.

Für den Badesee haben insgesamt 7 Kinder gestimmt, 5 davon sind Jungen, daher müssen es 2 Mädchen sein.

Du kannst die Aufgabe ebenso über die Gesamtzahl der Jungen (14) und der Mädchen (12) lösen.

BMT Realschule 6. Klasse – 2007: Lösungen

Aufgabe 7

7.1 **Der braune Quader.**

Hinweise und Tipps

Die Grundfläche ergibt sich durch Länge × Breite.

- Du kannst die Aufgabe durch Überlegen lösen.
  Welches Produkt zweier Zahlen ergibt 15?

  $1 \cdot 15$ oder $3 \cdot 5$ oder $5 \cdot 3$ oder $15 \cdot 1$.

  Damit kommt nur der braune Quader, der die Seitenlängen 3 m, 5 m und 6 m besitzt, in Frage.

- Du kannst die Aufgabe auch durch systematisches Probieren lösen, das ist aber viel zeitaufwändiger:

  $3 \cdot 3 = 9 \quad \Rightarrow \quad$ nicht roter Quader

  $\left.\begin{array}{l} 2 \cdot 4 = 8 \\ 2 \cdot 1 = 2 \\ 4 \cdot 1 = 4 \end{array}\right\} \Rightarrow$ nicht blauer Quader

  $\left.\begin{array}{l} 3 \cdot 1 = 3 \\ 3 \cdot 2 = 6 \\ 1 \cdot 2 = 2 \end{array}\right\} \Rightarrow$ nicht grüner Quader

  $3 \cdot 5 = 15 \quad \Rightarrow \quad$ brauner Quader

7.2 **21 cm**

Bei dieser Aufgabe musst du die längste Seite jedes Quaders als Höhe nehmen.

Kanten-länge	roter Quader	blauer Quader	grüner Quader	brauner Quader	weißer Quader
a	**3 cm**	2 cm	**3 cm**	3 cm	**5 cm**
b	3 cm	**4 cm**	1 cm	5 cm	4 cm
c	3 cm	1 cm	2 cm	**6 cm**	4 cm

Dann addierst du alle längsten Seiten:

$3\,\text{cm} + 4\,\text{cm} + 3\,\text{cm} + 6\,\text{cm} + 5\,\text{cm} =$
$7\,\text{cm} + 9\,\text{cm} + 5\,\text{cm} =$
$16\,\text{cm} + 5\,\text{cm} = 21\,\text{cm}$

und erhältst die Gesamthöhe.

Aufgabe 8

160 Flaschen

Hinweise und Tipps

Mit 1 Liter Saft kann man 2 Flaschen füllen. Du hast 80 Liter. Also:
$80 \cdot 2 = 160$ (Flaschen)

Aufgabe 9

90 Sekunden oder **1,5 Minuten**

Hinweise und Tipps

1 Minute für 6 Seiten
$\Rightarrow$ 30 Sekunden für 3 Seiten
$\Rightarrow$ 90 Sekunden oder 1,5 Minuten für 9 Seiten.

BMT Realschule 6. Klasse – 2007: Lösungen

Aufgabe 10

25 m²

Hinweise und Tipps

Berechne zuerst die einzelnen Teilflächen:

Gesamte Wandfläche: $A_{Ges} = 3\text{ m} \cdot 10\text{ m} = 30\text{ m}^2$
Fensterfläche: $A_{Fenster} = 3\text{ m} \cdot 1\text{ m} = 3\text{ m}^2$
Türfläche: $A_{Tür} = 2\text{ m} \cdot 1\text{ m} = 2\text{ m}^2$
zu streichende Fläche: $30\text{ m}^2 - (3+2)\text{ m}^2 = (30-5)\text{ m}^2 = 25\text{ m}^2$

Aufgabe 11

6

Hinweise und Tipps

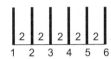

Du brauchst 5 Pfosten und dann noch einen Pfosten zusätzlich für den Anfang oder für das Ende.

Aufgabe 12

☐ 449
☐ 450
☐ 500
☒ **549**
☐ 550

Hinweise und Tipps

$999 - 99 = 900$
900 Zahlen liegen zwischen 999 und 99.
450 ist davon die Mitte.
$99 + 450 = 549$ ist damit die Lösung.

Aufgabe 13

3

Hinweise und Tipps

Hier muss die Quersumme dreier Ziffern 2 sein. Die 0 darf nicht am Anfang stehen, sonst ist die Zahl nicht 3-stellig. Es gibt folgende Möglichkeiten:

$2 + 0 + 0 = 2$ oder $1 + 1 + 0$ oder $1 + 0 + 1$.

Damit sind 200, 110 und 101 die einzigen möglichen Zahlen.

Aufgabe 14

3   9   **27**   81

Hinweise und Tipps

Die Zahlen sind Potenzen der Zahl 3:

$3 = 3^1$
$9 = 3 \cdot 3 = 3^2$
$27 = 3 \cdot 3 \cdot 3 = 3^3$
$81 = 3 \cdot 3 \cdot 3 \cdot 3 = 3^4$

Damit ist die gesuchte Zahl die 27.

Aufgabe 15

225

Hinweise und Tipps

Das Rad legt mit einer Umdrehung 2 m zurück. Damit ergibt sich für die Anzahl der Umdrehungen:

$450\text{ m} : 2\text{ m} = 225$ (Umdrehungen)

BMT Realschule 6. Klasse – 2007: Lösungen

Aufgabe 16

z. B.:

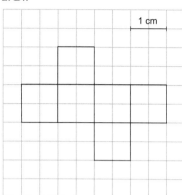

Hinweise und Tipps

oder

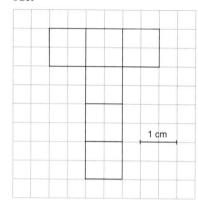

oder

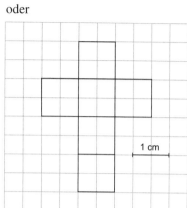

Aufgabe 17

15 cm

Hinweise und Tipps

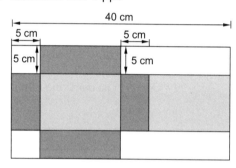

Betrachte in der Zeichnung die Länge des Kartons (40 cm). Hier muss zweimal die Höhe der Schachtel hinein passen. Der Rest wird zweimal durch die Länge der Schachtel (also Boden bzw. Deckel) ausgefüllt.

$(40 - 2 \cdot 5)$ cm $= (40 - 10)$ cm $= 30$ cm
$\quad (30 : 2)$ cm $= 15$ cm

Jahrgangsstufentest 2008
Mathematik 6. Klasse Realschule

Aufgabe 1

Berechne:

1.1 $45 - 5 \cdot (2 + 8 : 2) =$ 200

$2 + 8 = 10 : 2 = 5$

$45 - 5 = 40 \cdot 5$

200

1.2 $3^4 - 4^3 =$

Aufgabe 2

Gib an, welche natürliche Zahl die Gleichung erfüllt:

$20 + 5 \cdot x = 50$

Aufgabe 3

Die Strecke [AC] ist 12 cm lang. Der Punkt B liegt auf der Strecke [AC].

Es gilt $\overline{AC} - \overline{AB} = 4$ cm.

Zeichne die Strecke [AC] und den Punkt B.

Aufgabe 4

Vervollständige die rechte Figur zu einem Rechteck, das den gleichen Flächeninhalt hat wie der Stern.

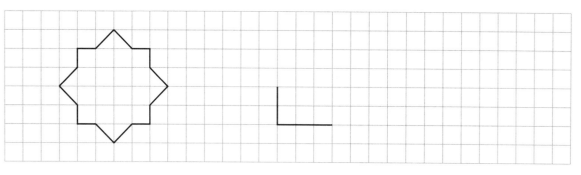

Aufgabe 5

Zeichne ein Quadrat, das den gleichen Umfang hat wie das gegebene Rechteck.

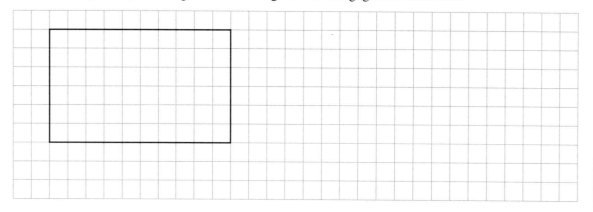

Aufgabe 6

Die 14 Jungen und 17 Mädchen der Klasse 5 a haben ihre liebste Sportart angegeben. Jedes Kind hat nur eine Sportart genannt.
Ergänze die Lücken in der Tabelle.

	Jungen	Mädchen	Gesamt
Fußball	9		14
Schwimmen		11	
Tischtennis	5		

Aufgabe 7

Pia hat in diesem Monat mit ihrem Handy nicht telefoniert, aber 40 SMS geschrieben. Die monatliche Grundgebühr beträgt 4,95 €, eine SMS kostet 0,05 €, eine Gesprächsminute kostet 0,20 €.
Wie hoch ist die Rechnung?

Aufgabe 8

Peter bekommt monatlich 20 € Taschengeld, Rosi 40 €. Bei einer Sammlung spendet Rosi 5 €, Peter spendet 3 €. Rosis Mutter meint, dass Peter großzügiger sei als Rosi.
Begründe die Meinung von Rosis Mutter.

Aufgabe 9

Du baust Türme aus Holzwürfeln. Dazu hast du 5 Würfel mit folgenden Maßen:

	roter Würfel	blauer Würfel	grüner Würfel	gelber Würfel	weißer Würfel
Kantenlänge	1 cm	3 cm	5 cm	7 cm	9 cm

9.1 Welcher Würfel liegt unten, wenn die Grundfläche eines Turms 9 cm² beträgt?

9.2 Wie hoch ist der höchste Turm, den du mit diesen 5 Würfeln bauen kannst?

Aufgabe 10

Ergänze passend:

5   11   23   ___   95

Aufgabe 11

Familie Sonntag steht auf ihrer Urlaubsfahrt in einem Stau von 1 km Länge.
Die Pkw stehen Stoßstange and Stoßstange, einer hinter dem anderen.

Wie viele Pkw stehen ungefähr in diesem Stau in einer Spur?

Aufgabe 12

12.1 Du bekommst 17 Cent Wechselgeld zurück.

Was ist die kleinste Anzahl an Münzen, die du erhalten kannst?

Anzahl der Münzen: _____

12.2 Du bekommst 17 Cent Wechselgeld in fünf Münzen zurück.

Gib eine Möglichkeit an.

Aufgabe 13

Du hast die abgebildeten drei Ziffernkarten zur Auswahl.

2 **5** **3**

13.1 Schreibe alle dreistelligen Zahlen auf, die du damit legen kannst.

13.2 Schreibe alle geraden zweistelligen Zahlen auf, die du damit legen kannst.

Aufgabe 14

Mit einem normalen Spielwürfel wurde zuerst eine 1, dann eine 2, danach eine 3, anschließend eine 4 und zuletzt eine 5 gewürfelt. Jetzt ist Xaver an der Reihe.

Welche Zahl wird Xaver würfeln?

Aufgabe 15

Gegeben sind die Punkte P und Q und die Gerade g.

15.1 Zeichne eine Parallele zur Geraden g durch den Punkt P.

15.2 Zeichne eine Senkrechte zur Geraden g durch den Punkt Q.

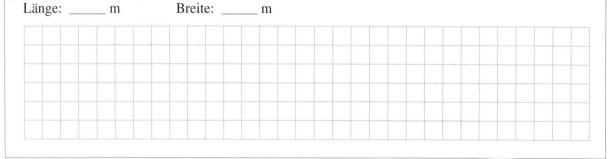

Aufgabe 16

Von einem Rechteck ist bekannt, dass es einen Flächeninhalt von 99 m² hat.

Welche Länge und welche Breite könnte dieses Rechteck haben?

Länge: _____ m   Breite: _____ m

Lösungen

Aufgabe 1

Hinweise und Tipps

1.1 **15**

$45 - 5 \cdot (2 + 8 : 2) = 45 - 5 \cdot (2 + 4)$
$= 45 - 5 \cdot 6$
$= 45 - 30$
$= 15$

Hier musst du zweimal Punkt vor Strich beachten!

1.2 **17**

$3^4 - 4^3 = \overbrace{3 \cdot 3 \cdot 3 \cdot 3} - 4 \cdot 4 \cdot 4$
$= 9 \cdot 9 - 16 \cdot 4$
$= 81 - 64$
$= 17$

Potenz vor Punkt vor Strich

Aufgabe 2

6

Löse die Gleichung nach x auf:
$20 + 5 \cdot x = 50$
$5x = 30$
$x = 6$

Oder löse die Gleichung durch systematisches Probieren:
$x = 1$: $20 + 5 \cdot 1 = 50$ (f)
$x = 2$: $20 + 5 \cdot 2 = 50$ (f)
$x = 3$: $20 + 5 \cdot 3 = 50$ (f)
$x = 4$: $20 + 5 \cdot 4 = 50$ (f)
$x = 5$: $20 + 5 \cdot 5 = 50$ (f)
$x = 6$: $20 + 5 \cdot 6 = 50$ (w)

Aufgabe 3

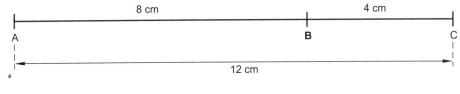

Hinweise und Tipps

Die gesamte Strecke ist 12 cm lang.
$\overline{AC} - \overline{AB} = \overline{BC} = 4$ cm,
also muss $\overline{AB} = 8$ cm gelten.

Aufgabe 4

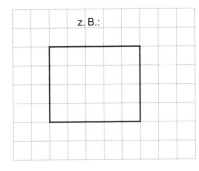

Der Stern hat einen Flächeninhalt von 20 Kästchen. Gesucht ist also ein Rechteck mit einem Flächeninhalt von 20 Kästchen, z. B.
4 Kästchen · 5 Kästchen
oder
2 Kästchen · 10 Kästchen.

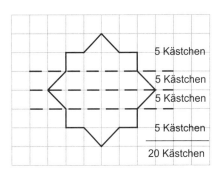

2008-7

Aufgabe 5

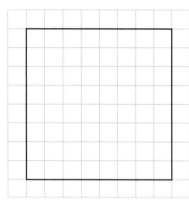

Hinweise und Tipps

Das Rechteck hat einen Umfang von 32 Kästchen. Du musst also ein Quadrat mit 32 Kästchen Umfang zeichnen.
⇒ 32 Kästchen : 4 = 8 Kästchen je Seite!

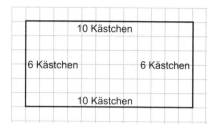

Aufgabe 6

	Jungen	Mädchen	Gesamt
Fußball	9	**5**	14
Schwimmen	**0**	11	**11**
Tischtennis	5	**1**	**6**

- 9 Jungen spielen am liebsten Fußball, 5 Tischtennis.
  9 + 5 = 14 ⇒ 0 Jungen schwimmen am liebsten.
- Fußball wurde von 14 Kindern angegeben, davon 9 Jungen.
  14 − 9 = 5 ⇒ Mädchen spielen am liebsten Fußball.
- Beim Schwimmen ergibt sich:
  0 + 11 = 11
- Von den insgesamt 17 Mädchen haben 5 Fußball und 11 Schwimmen angegeben, bleibt 1 Mädchen für Tischtennis.
- 5 Jungen und 1 Mädchen haben Tischtennis angegeben, ergibt 6 Kinder.

Aufgabe 7

6,95 €

Grundgebühr:	495 ct
40 SMS zu je 0,05 €: 40 · 5ct =	200 ct
Kein Telefonat:	000 ct
Gesamt:	695 ct = 6,95 €

Aufgabe 8

z. B.: Rosi erhält doppelt so viel Taschengeld wie Peter, spendet aber nicht doppelt so viel wie Peter.

	Peter		Rosi
Taschengeld	20 €	$\xrightarrow{\cdot 2}$	40 €
Spende	3 €	$\xrightarrow{\cdot 2}$	6 €

Rosi spendet aber nur 5 €, also nicht doppelt so viel wie Peter.

Jahrgangsstufentest Mathematik 6. Klasse – 2008: Lösungen

Hinweise und Tipps

Aufgabe 9

9.1 **Der blaue Würfel.**

Berechne jeweils den Flächeninhalt einer Würfelseite:
rot: $1\,\text{cm} \cdot 1\,\text{cm} = 1\,\text{cm}^2$
blau: $3\,\text{cm} \cdot 3\,\text{cm} = 9\,\text{cm}^2 \Rightarrow$ Der blaue Würfel muss unten liegen.
grün: $5\,\text{cm} \cdot 5\,\text{cm} = 25\,\text{cm}^2$
gelb: $7\,\text{cm} \cdot 7\,\text{cm} = 49\,\text{cm}^2$
weiß: $9\,\text{cm} \cdot 9\,\text{cm} = 81\,\text{cm}^2$

9.2 **25 cm**

Du musst die Seitenlängen der Würfel addieren. Egal in welcher Reihenfolge du rechnest, das Ergebnis ist immer dasselbe:
$1\,\text{cm} + 3\,\text{cm} + 5\,\text{cm} + 7\,\text{cm} + 9\,\text{cm} = 25\,\text{cm}$

Aufgabe 10

5   11   23   **47**   95

$$\underbrace{5\ \ \overset{+6}{\frown}\ \ 11\ \ \overset{+12}{\frown}\ \ 23\ \ \overset{+24}{\frown}\ \ 47\ \ \overset{+48}{\frown}\ \ 95}$$

Hier wird von der 1. Zahl zur 2. Zahl 6 addiert (die Differenz aus den beiden Zahlen), dann das Doppelte von
6 $\Rightarrow$ 12, dann das Doppelte von
12 $\Rightarrow$ 24, dann das Doppelte von
24 $\Rightarrow$ 48, usw.

Probe: $23 + 24 = 47$ und $47 + 48 = 95$

Weitere Möglichkeiten:
– Addiere immer den Nachfolger.
– Man kann auch rechnen: $\cdot\, 2 + 1$

Aufgabe 11

ca. 200 Pkw
(ca. 150 Pkw bis ca. 300 Pkw)

$1\,000\,\text{m} : 4\,\text{m} = 250\,\text{Pkw}$
oder
$1\,000\,\text{m} : 5\,\text{m} = 200\,\text{Pkw}$

Hier solltest du wissen, dass ein Auto zwischen 3,5 und 6,5 m lang ist.

Aufgabe 12

12.1 Anzahl der Münzen: **3**

$10\,\text{ct} + 5\,\text{ct} + 2\,\text{ct} \Rightarrow 3\,\text{Münzen}$

12.2 z. B.: **10 Cent, 2 Cent, 2 Cent, 2 Cent, 1 Cent**

oder 5 Cent, 5 Cent, 5 Cent, 1 Cent, 1 Cent

Aufgabe 13

13.1 **235; 253; 325; 352; 523; 532**

Jede der Ziffernkarten steht dir nur einmal zur Verfügung. Damit ergeben sich die 6 Zahlen.

13.2 **32; 52**

Hier kommen nur zwei Zahlen infrage, da die zweite Zahl immer die 2 sein muss (gerade Zahl!). Damit bleiben nur 32 und 52.

Aufgabe 14

Das kann man nicht sagen (alle Zahlen sind gleich wahrscheinlich).

/ Hinweise und Tipps

Nur weil die 6 noch nicht gewürfelt wurde, muss sie nicht beim nächsten Wurf kommen.

Aufgabe 15

15.1
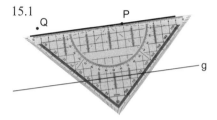

Lege das Geodreieck mit den parallelen Linien auf g und zeichne die Parallele durch P.

15.2
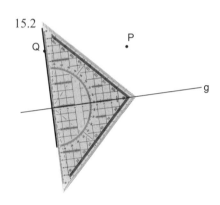

Lege das Geodreieck mit der Mittellinie auf g und zeichne die Senkrechte durch Q.

Aufgabe 16

z. B.: **Länge: 1 m; Breite: 99 m**

Der Flächeninhalt berechnet sich mit $A = \ell \cdot b$.

Damit eignet sich jedes Zahlenpaar, das miteinander multipliziert 99 ergibt, z. B.:
$1 \cdot 99 = 99$
$3 \cdot 33 = 99$
$9 \cdot 11 = 99$

Jahrgangsstufentest 2009
Mathematik 6. Klasse Realschule

Aufgabe 1

Aus einer Zeitungsmeldung:

Die Zahl der Besucher im Freizeitpark „Attraktion" weist im Monat April mit 128 250 ein Plus von 950 im Vergleich zum Monat März auf. Die Besucherzahl an Freitagen stieg um 500 auf 23 400, die Zahl der Besucher an Samstagen um 650 auf 48 800. Ein Minus wurde dagegen bei den Sonntagsbesuchern registriert, hier sank die Zahl um 2 450 auf 41 300. Laut Statistik kam rund die Hälfte der Besucher mit öffentlichen Verkehrsmitteln.

Gib an, wie viele Sonntagsbesucher es im Monat März waren.

Aufgabe 2

An der Tafel wurde die Anzahl der Stimmen für Anna und Claudia bei der Wahl der Klassensprecherin festgehalten. Die Anzahl der Stimmen für Beate wurde versehentlich verwischt.

Es wurde jedoch bereits begonnen, das Wahlergebnis in einem Balkendiagramm darzustellen:

2.1 Gib die Anzahl der Stimmen für Beate an:

_____

2.2 Ergänze die Anzahl der Stimmen für Anna und Claudia im Balkendiagramm.

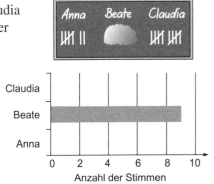

Aufgabe 3

Gib an, welche natürliche Zahl die Gleichung erfüllt: $44 + 4 \cdot x = 444$

Aufgabe 4

Berechne:

4.1 $3 \cdot (16 - 14 : 2) + 5 =$

4.2 $4^2 + 2^4 =$

Aufgabe 5

Zeichne ein Rechteck, das einen Umfang von 13 cm hat.
Achte auf eine saubere Zeichnung!

Aufgabe 6

Die drei Freunde Andreas, Bernd und Christoph wollen sich wie abgebildet (mit Blick nach vorne) für ein Foto nebeneinander aufstellen.

6.1 Gib an, wie viele Möglichkeiten die drei Freunde haben, sich für das Foto nebeneinander aufzustellen.

Anzahl der Möglichkeiten: _____

6.2 Bernd sagt: „Ich möchte nicht neben Andreas stehen."
Begründe, dass es dann nur zwei Möglichkeiten für die drei Freunde gibt, sich für das Foto nebeneinander aufzustellen.

Aufgabe 7

Ergänze passend: Ein Rechteck ist ein Quadrat, wenn _____
_____ .

Aufgabe 8

Beim V-Baum wachsen jedes Jahr aus jeder Spitze zwei neue Spitzen. Nach einem Jahr hat der V-Baum 2 Spitzen, nach zwei Jahren 4 Spitzen.
Gib die Anzahl der Spitzen an, die der V-Baum nach fünf Jahren hat.

nach einem Jahr   nach zwei Jahren

Aufgabe 9

Zeichne alle Symmetrieachsen des abgebildeten Wortes ein.   **O H O**

Aufgabe 10

In jeder Ecke eines Würfels ist eine Kugel befestigt. In der Mitte jeder Kante des Würfels ist ebenfalls eine Kugel befestigt.
Gib an, wie viele Kugeln insgesamt am Würfel befestigt sind.

Aufgabe 11

Das abgebildete quaderförmige Aquarium mit den angegebenen Innenmaßen steht eben auf einem Tisch. Es ist mit 100 Liter Wasser gefüllt.
Berechne, wie hoch das Wasser im Aquarium steht.

4 dm
10 dm
5 dm

Aufgabe 12

Trage die Zahl 205 000 auf dem abgebildeten Ausschnitt der Zahlenhalbgeraden ein.

```
—————|————————|————————————————————————→
   190 000   196 000
```

Aufgabe 13

Rechne in die angegebenen Maßeinheiten um:

13.1 27 000 cm = _____ m

13.2 5 000 dm² = _____ cm²

Aufgabe 14

Aus den abgebildeten Netzen A, B, C und D werden Spielwürfel gebaut.

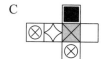

14.1 Welchen der beiden Spielwürfel wählst du, wenn du die größtmögliche Chance haben möchtest, beim nächsten Wurf das Symbol ⊗ zu würfeln? Begründe deine Wahl.

14.2 Kreuze an, welches der Netze zu dem abgebildeten Spielwürfel gehören könnte.

    A ☐   B ☐   C ☐   D ☐

Aufgabe 15

Ein großer Mann hat sich auf einer Ausstellung zum „Jahr der Mathematik" neben einem riesigen Glaswürfel fotografieren lassen.
Ermittle das ungefähre Volumen des riesigen Glaswürfels. Gib deinen Lösungsweg an.

Aufgabe 16

Ein Fahrradverleih hat normale Fahrräder und Tandems, zusammen sind es 55 Stück.
Wenn alle normalen Fahrräder und Tandems voll besetzt sind, dann können 66 Personen gleichzeitig fahren.
Gib an wie viele normale Fahrräder und wie viele Tandems der Fahrradverleih hat.

Anzahl der normalen Fahrräder: _____   Anzahl der Tandems: _____

Lösungen

Aufgabe 1

43 750

Hinweise und Tipps

Die Zahl der Sonntagsbesucher sank um 2 450 auf 41 300. Das war im April. Damit waren es im März: 41 300 + 2 450 = 43 750 (Besucher)

Aufgabe 2

2.1 **9**

Der Balken endet in der Grafik genau in der Mitte von 8 und 10. Es muss eine natürliche Zahl sein, also 9.

2.2

Anna hatte nach der Zählliste 7 Stimmen, also muss der Balken bis in die Mitte zwischen 6 und 8 gehen.

Claudia hatte 10 Stimmen, also muss der Balken bis zur 10 gehen.

Aufgabe 3

100

$44 + 4 \cdot x = 444$

Also muss $4 \cdot x = 400$ sein, damit muss $x = 100$ gelten.

Aufgabe 4

4.1 **32**

$3 \cdot (16 - 14 : 2) + 5$ Beachte Punkt vor Strich. Berechne zuerst $14 : 2 = 7$.
$= 3 \cdot (16 - 7) + 5$ Klammer zuerst.
$= 3 \cdot 9 + 5$ Hier gilt wieder Punkt vor Strich!
$= 27 + 5$
$= 32$

4.2 **32**

$4^2 + 2^4$
$= 4 \cdot 4 + 2 \cdot 2 \cdot 2 \cdot 2$
$= 16 + 4 \cdot 4$
$= 16 + 16$
$= 32$

Aufgabe 5

z. B.

Der Umfang des Rechtecks, hier 13 cm, ergibt sich aus $u = (a + b) \cdot 2$. Damit ist der halbe Umfang 6,5 cm = a + b.

So ergeben sich folgende Möglichkeiten:
a = 0,5 cm, b = 6 cm
a = 1,5 cm, b = 5 cm
a = 2,5 cm, b = 4 cm
a = 3,5 cm, b = 3 cm
a = 4,5 cm, b = 2 cm
a = 5,5 cm, b = 1 cm

a und b können auch vertauscht werden.

Jahrgangsstufentest Mathematik 6. Klasse – 2009: Lösungen

Aufgabe 6

Hinweise und Tipps

6.1 **6**

Mögliche Reihenfolgen für Andreas (A), Bernd (B), Christoph (C):
ABC   ACB   BAC   BCA   CAB   CBA

6.2 **Z. B.: Damit Bernd und Andreas nicht nebeneinander stehen, muss Christoph in der Mitte sein. Dann ist entweder Bernd links und Andreas rechts oder Bernd rechts und Andreas links.**

Aufgabe 7

Ein Rechteck ist ein Quadrat, wenn **es vier gleich lange Seiten hat**.

Aufgabe 8

32

Nach 1 Jahr hat der Baum 2 Spitzen.
Nach 2 Jahren wachsen aus jeder Spitze 2 neue Spitzen: $2 \cdot 2 = 4$
Nach 3 Jahren wachsen aus jeder Spitze 2 neue Spitzen: $2 \cdot 4 = 8$
Nach 4 Jahren wachsen aus jeder Spitze 2 neue Spitzen: $2 \cdot 8 = 16$
Nach 5 Jahren wachsen aus jeder Spitze 2 neue Spitzen: $2 \cdot 16 = 32$

Aufgabe 9

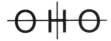

Aufgabe 10

20

Fertige eine Skizze an:

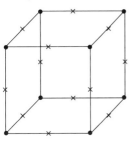

• 8 Ecken
× 12 Kanten

Aufgabe 11

2 dm

Skizze:

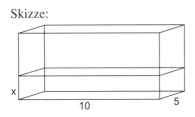

$100\ \ell = 100\ dm^3$

Grundfläche des Aquariums:
$A = 5\ dm \cdot 10\ dm = 50\ dm^2$

Volumen des Wassers:
$100\ dm^3 = 50\ dm^2 \cdot x$

Damit ist $x = 2\ dm$.

Jahrgangsstufentest Mathematik 6. Klasse – 2009: Lösungen

Aufgabe 12

◆ Hinweise und Tipps

```
|--------+--------+-----------------→
190 000   196 000    205 000
```

$196\,000 - 190\,000 = 6\,000 \,\widehat{=}\, 3$ cm in der Zeichnung $\Rightarrow 2\,000 \,\widehat{=}\, 1$ cm

$205\,000 - 196\,000 = 9\,000 \,\widehat{=}\, x$ cm in der Zeichnung $\Rightarrow x \,\widehat{=}\, 4{,}5$ cm

Die Zahl 205 000 muss 4,5 cm weiter rechts eingezeichnet werden.

Aufgabe 13

13.1 **270 m**

27 000 cm = 2 700 dm = 270 m
Die Umrechnungszahl bei Längen ist 10.

13.2 **500 000 cm²**

Die Umrechnungszahl bei Flächen ist 100.

Aufgabe 14

14.1 **Z. B.: Ich wähle den aus Netz C gebauten Spielwürfel, da das Symbol ⊗ bei diesem auf mehr Begrenzungsflächen vorkommt als bei den anderen Spielwürfeln.**

14.2 A ☐
B ☐
C ☐
D ☒

⊠, ⊘ und ☐ müssen an einer Ecke aufeinandertreffen, damit scheiden A und B aus. C scheidet aus, weil die drei Flächen hintereinander liegen.

Aufgabe 15

Z. B.: $(2\text{ m})^3 = 8\text{ m}^3$

Ein großer Mann ist ca. 180 cm groß.
Der Mann auf dem Foto hat den Arm erhoben (ca. 20 cm) und kommt so an die Ecke des Würfels. Damit ist der Würfel ca. 2 m hoch.
Weiter gilt für das Volumen des Würfels: $V = a^3$

Aufgabe 16

Anzahl der normalen Fahrräder: **44**
Anzahl der Tandems: **11**

66 Personen können auf 55 Zweirädern fahren, das sind 11 Personen mehr, als auf Fahrrädern fahren könnten. Deshalb müssen es 11 Tandems und 44 normale Fahrräder sein.

Man kann die Aufgabe auch mithilfe von Gleichungen lösen:

$F + T = 55$ Es gibt 55 Zweiräder: F Fahrräder und T Tandems.

$1 \cdot F + 2 \cdot T = 66$ Mit einem Tandem können zwei Personen fahren.
Insgesamt können 66 Personen gleichzeitig fahren.

Jahrgangsstufentest 2010
Mathematik 6. Klasse Realschule

Aufgabe 1

Aus einem Werbeprospekt:

Den Tierpark besuchten bereits eineinhalb Millionen Menschen. Die Hälfte davon waren Kinder.

Gib an, wie viele Kinder den Tierpark bereits besuchten. Schreibe als Zahl.

Aufgabe 2

Berechne:

2.1 $2^5 - 5^2 =$

2.2 $9\,876\,543 + 1\,234\,567 =$

Aufgabe 3

Ein Grashüpfer ist 2 cm groß und kann bis zu 2 m weit springen.
Tim ist 180 cm groß.
Stell dir vor, es würde einen riesigen Grashüpfer geben, der so groß ist wie Tim.
Wie weit würde dieser Grashüpfer dann springen?
Gib deinen Lösungsweg an.

Aufgabe 4

Identische kleine Würfel wurden ohne Lücken so aufeinander gelegt, dass der abgebildete Würfel entstanden ist.
Aus wie vielen kleinen Würfeln besteht der abgebildete große Würfel?

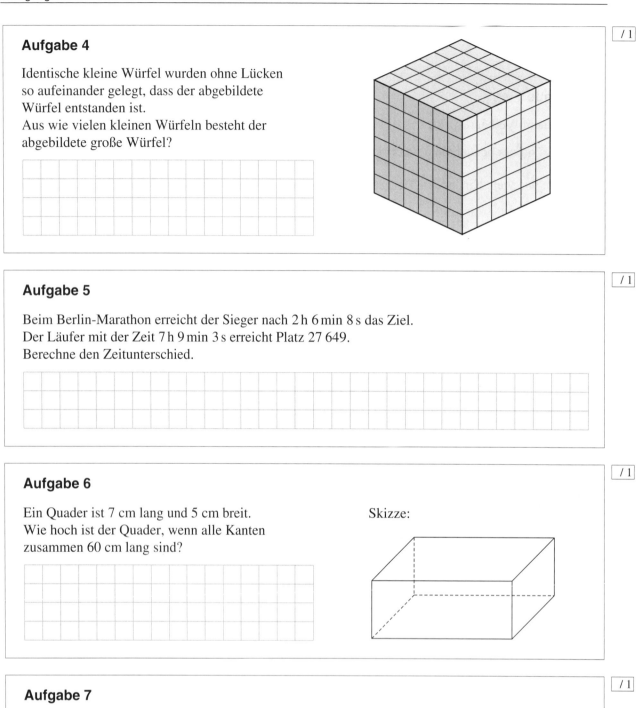

Aufgabe 5

Beim Berlin-Marathon erreicht der Sieger nach 2 h 6 min 8 s das Ziel.
Der Läufer mit der Zeit 7 h 9 min 3 s erreicht Platz 27 649.
Berechne den Zeitunterschied.

Aufgabe 6

Ein Quader ist 7 cm lang und 5 cm breit.
Wie hoch ist der Quader, wenn alle Kanten zusammen 60 cm lang sind?

Skizze:

Aufgabe 7

Der Mantel eines Riesen hat 585 Taschen. In jeder Tasche wohnen drei Mäuse und jede Maus hat fünf Mäusebabys bei sich.
Wie viele Mäusebabys wohnen im Mantel des Riesen?

Aufgabe 8

Aus dem abgebildeten Netz wird ein Spielwürfel gebaut. Anschließend wird dreimal gewürfelt und die Summe der gewürfelten Augenzahlen berechnet.
Gib den größten Wert an, den diese Summe haben kann.

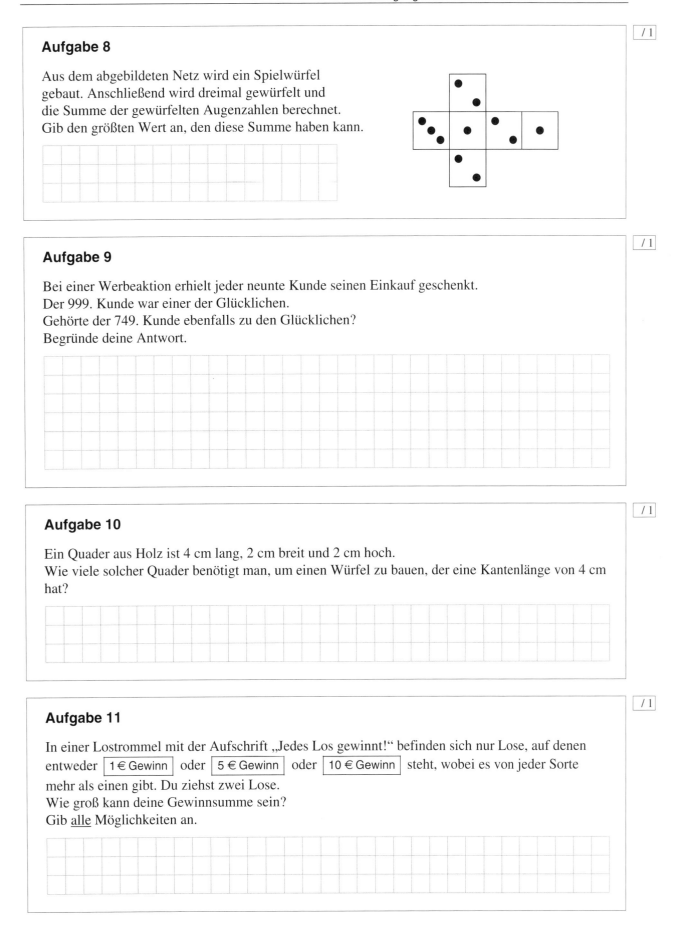

Aufgabe 9

Bei einer Werbeaktion erhielt jeder neunte Kunde seinen Einkauf geschenkt.
Der 999. Kunde war einer der Glücklichen.
Gehörte der 749. Kunde ebenfalls zu den Glücklichen?
Begründe deine Antwort.

Aufgabe 10

Ein Quader aus Holz ist 4 cm lang, 2 cm breit und 2 cm hoch.
Wie viele solcher Quader benötigt man, um einen Würfel zu bauen, der eine Kantenlänge von 4 cm hat?

Aufgabe 11

In einer Lostrommel mit der Aufschrift „Jedes Los gewinnt!" befinden sich nur Lose, auf denen entweder 1 € Gewinn oder 5 € Gewinn oder 10 € Gewinn steht, wobei es von jeder Sorte mehr als einen gibt. Du ziehst zwei Lose.
Wie groß kann deine Gewinnsumme sein?
Gib alle Möglichkeiten an.

Aufgabe 12

Eine Kandidatin hat bei einem Quiz einen Kontostand von 1 000 €. Bei jeder richtig beantworteten Frage vervierfacht sich der Kontostand.
Welchen Kontostand hat die Kandidatin, wenn sie die nächsten drei Fragen richtig beantwortet?

Aufgabe 13

Bestimme den Flächeninhalt A der rechts abgebildeten Figur.

A = _____ cm²

Aufgabe 14

Die Summe der Ziffern einer Zahl nennt man Quersumme.
Beispielsweise hat die Zahl 3 201 die Quersumme $3+2+0+1=6$.
Wie lautet die kleinste vierstellige natürliche Zahl mit der Quersumme 7, bei der alle Ziffern unterschiedlich sind?

Aufgabe 15

In einer Zeitschrift für Kinder findest du:

> Afrikanische Elefanten werden durchschnittlich 3,20 m groß und 5 t schwer.
> Sie verbringen täglich bis zu 20 Stunden mit Fressen und nehmen dabei etwa 300 kg Heu zu sich. Jeden Tag benötigen sie mehr als 100 Liter Wasser.

Wie viel Heu frisst ein Afrikanischer Elefant in einer Woche?

Aufgabe 16

Kreuze an, welche der drei Zahlen am größten ist.

☐ zehn Milliarden ☐ 10 000 000 ☐ 10^9

Aufgabe 17

Die beiden abgebildeten Glücksräder werden gedreht.
Kreuze die richtige Aussage an.

Die Chance, dass sich die Zeigerspitze beim Stehenbleiben innerhalb des weißen Feldes befindet, ...

☐ ... ist bei Glücksrad X größer.

☐ ... ist bei Glücksrad Y größer.

☐ ... ist bei beiden Glücksrädern gleich groß.

Aufgabe 18

Rechne in die angegebene Maßeinheit um:

18.1 Fußlänge bei der Kinderschuhgröße 23:   1,4 dm = _____ cm

18.2 Volumen eines Messbechers für den Haushalt: 0,5 ℓ = _____ cm^3

Aufgabe 19

Auf dem Tisch liegen die vier abgebildeten Puzzleteile A, B, C und D.

A   B   C   D

Welche zwei Puzzleteile können so aneinandergelegt werden, dass sie ohne Lücke und ohne Überlappung ein Rechteck bilden?

Lösungen

Aufgabe 1

Hinweise und Tipps

750 000

Eineinhalb Millionen Menschen sind 1 500 000 Menschen, davon die Hälfte sind:
1 500 000 : 2 = 750 000

Aufgabe 2

2.1 **7**

$2^5 - 5^2 = 2 \cdot 2 \cdot 2 \cdot 2 \cdot 2 - 5 \cdot 5$
$= 32 - 25 = 7$

2.2 **11 111 110**

```
  9 876 543
+ 1 234 567
  1 1 1 1 1 1 1
 11 111 110
```

Aufgabe 3

z. B.:
180 cm : 2 cm = 90
90 · 2 m = 180 m
Er könnte bis zu 180 m weit springen.

oder: 2 cm groß ⇒ kann 2 m weit springen
180 cm groß ⇒ kann 180 m weit springen

Aufgabe 4

216

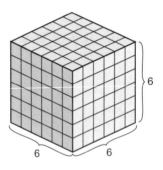

Der große Würfel besteht in Länge, Breite und Höhe jeweils aus 6 kleinen Würfeln.
$6^3 = 6 \cdot 6 \cdot 6 = 36 \cdot 6 = 216$

Aufgabe 5

5 h 2 min 55 s

Ziehe die Zeiten voneinander ab.

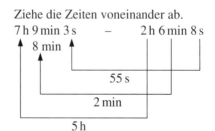

8s > 3s. Wandle daher 1 Minute in Sekunden um.
Von 8 s bis 63 s sind es 55 s.
Es verbleiben 8 Minuten.
Von 6 min bis 8 min sind es 2 min.
Von 2 h bis 7 h sind es 5 h.

Jahrgangsstufentest Mathematik 6. Klasse – 2010: Lösungen

 Hinweise und Tipps

Aufgabe 6

3 cm

Skizze: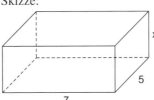

Der Quader hat 12 Kanten, davon sind vier 7 cm lang, vier 5 cm lang und vier x cm lang.

$4 \cdot 7 + 4 \cdot 5 + 4 \cdot x = 60$
$28 + 20 + 4x = 60$
$48 + 4x = 60$
$4x = 12$
$x = 3 \text{ (cm)}$

Aufgabe 7

8 775

585 Taschen mit 3 Mäusen mit 5 Mäusebabys:

$585 \cdot 3 \cdot 5 = 585 \cdot 15$

$\underline{585}$
$\underline{2925}$
8775

Aufgabe 8

9

Es wird 3-mal gewürfelt. Die höchste Augenzahl ist jeweils 3:
$3 + 3 + 3 = 9$

Aufgabe 9

z. B.:
999 ist ein Vielfaches von 9, 749 dagegen nicht. Somit gehört der 749. Kunde nicht zu den Glücklichen.

Jeder 9. Kunde erhält seinen Einkauf geschenkt.
Untersuche, ob die Zahlen 999 und 749 durch 9 teilbar sind.
Beachte die Regel: Eine Zahl ist durch 9 teilbar, wenn ihre Quersumme durch 9 teilbar ist.

Aufgabe 10

4

Skizze: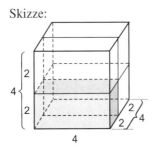

Man muss zwei Quader nebeneinander und zwei Quader übereinander legen, damit man auf die Kantenlänge von 4 cm kommt.
Also benötigt man 4 Quader.

Aufgabe 11

2 €; 6 €; 10 €; 11 €; 15 €; 20 €

Berechne alle möglichen Kombinationen:
$1+1=2; \quad 1+5=6; \quad 5+5=10; \quad 1+10=11; \quad 5+10=15; \quad 10+10=20$

Jahrgangsstufentest Mathematik 6. Klasse – 2010: Lösungen

Hinweise und Tipps

Aufgabe 12

64 000 €

1. Frage: 1 000 € · 4 = 4 000 €
2. Frage: 4 000 € · 4 = 16 000 €
3. Frage: 16 000 € · 4 = 64 000 €

Aufgabe 13

11 cm²

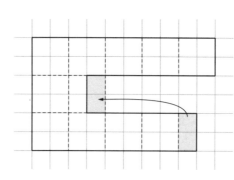

Unterteile die Figur geschickt in Quadrate mit dem Flächeninhalt 1 cm².

Aufgabe 14

1 024

Kleinste Ziffern: 0, 1, 2, 3, 4
0, 1, 2, 3 gibt Quersumme 6.
0, 1, 2, 4 gibt Quersumme 7.
Ordne die Ziffern so an, dass die größte Zahl rechts (an der Einer-Stelle) steht.
Steht die 0 an erster Stelle, ist die Zahl nur 3-stellig.
⇒ 1 024 ist die kleinste vierstellige natürliche Zahl mit der Quersumme 7, bei der alle Ziffern unterschiedlich sind.

Aufgabe 15

Etwa 2 100 kg

Der Afrikanische Elefant frisst täglich etwa 300 kg Heu, daraus ergibt sich für eine Woche = 7 Tage:
7 · 300 kg = 2 100 kg

Aufgabe 16

☒	**zehn Milliarden**	= 10 000 000 000
☐	10 000 000	= 10 000 000
☐	10^9	= 1 000 000 000

Aufgabe 17

[X] ... ist bei Glücksrad X größer.

[ ] ... ist bei Glücksrad Y größer.

[ ] ... ist bei beiden Glücksrädern gleich groß.

Hinweise und Tipps

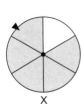
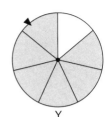

$$\begin{array}{ccc} \text{weiß} \quad \text{grau} & & \text{weiß} \quad \text{grau} \\ \text{Chance } 1 : 5 & > & \text{Chance } 1 : 6 \end{array}$$

Aufgabe 18

18.1 **14 cm**

$1\,\text{dm} \stackrel{\wedge}{=} 10\,\text{cm}$

$1{,}4\,\text{dm} \stackrel{\wedge}{=} 14\,\text{cm}$

18.2 **500 cm³**

$1\,\ell \stackrel{\wedge}{=} 1\,000\,\text{cm}^3$

$0{,}5\,\ell \stackrel{\wedge}{=} 500\,\text{cm}^3$

Aufgabe 19

A und D

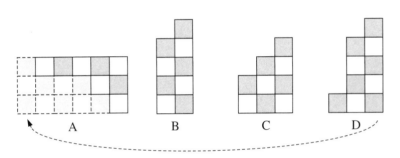

Andere Möglichkeiten gibt es nicht.

Jahrgangsstufentest 2011
Mathematik 6. Klasse Realschule

Aufgabe 1

Stefan fährt vom Münchner Hauptbahnhof mit dem Nachtzug um 22:25 Uhr nach Berlin ab und kommt dort am nächsten Tag um 6:30 Uhr an. Wie lange ist er unterwegs?

Aufgabe 2

Zeichne ein Rechteck mit 12 cm Umfang.

Aufgabe 3

In der Abbildung siehst du das Kantengerüst eines Würfels, das aus gleichen kleinen Würfeln zusammengebaut wurde.
Wie viele kleine Würfel brauchst du noch, um den Würfel vollständig auszufüllen?

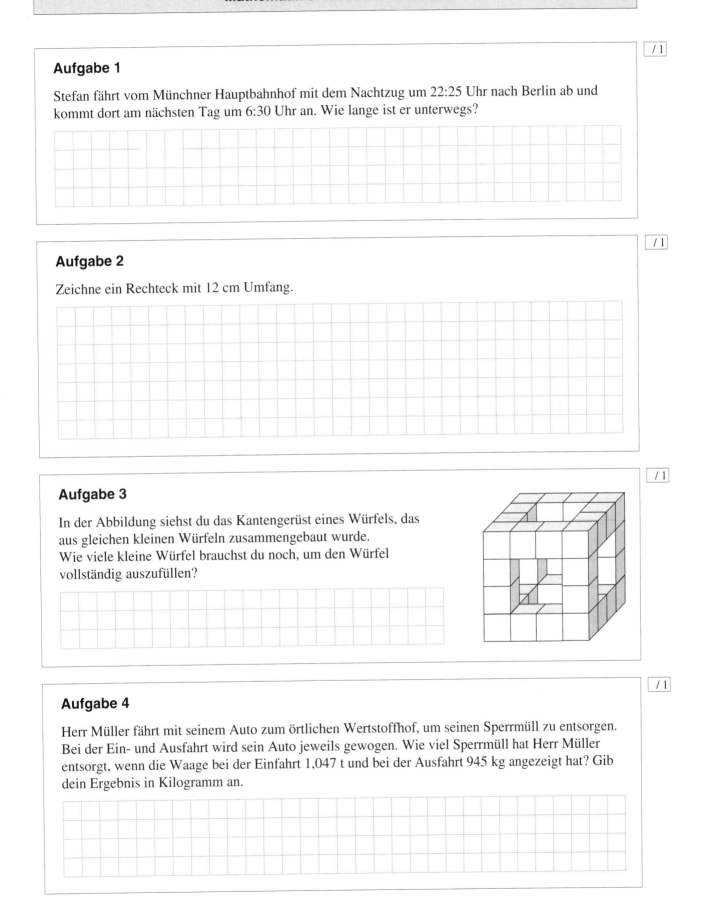

Aufgabe 4

Herr Müller fährt mit seinem Auto zum örtlichen Wertstoffhof, um seinen Sperrmüll zu entsorgen. Bei der Ein- und Ausfahrt wird sein Auto jeweils gewogen. Wie viel Sperrmüll hat Herr Müller entsorgt, wenn die Waage bei der Einfahrt 1,047 t und bei der Ausfahrt 945 kg angezeigt hat? Gib dein Ergebnis in Kilogramm an.

Aufgabe 5

Bestimme den Flächeninhalt A der rechts abgebildeten Figur.

A = _____

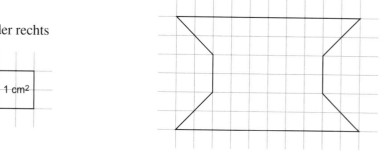

Aufgabe 6

Peter hat die sieben abgebildeten Ziffernkarten zur Verfügung.
Er legt daraus zwei dreistellige Zahlen und addiert diese.
Welche Zahlen könnte er gelegt haben, wenn der Summenwert 999 ist?

Erste Zahl: _____ Zweite Zahl: _____

Aufgabe 7

Welche der folgenden Angaben bezeichnet die längste Zeitdauer? Kreuze an.

☐ 24 000 Sekunden

☐ 2 400 Minuten

☐ 24 Stunden

Aufgabe 8

Trage die Punkte A(3|1), B(1|5) und P(4|3) sowie die Gerade g = AB in das Gitternetz ein. Zeichne anschließend durch den Punkt P die Parallele zu g.

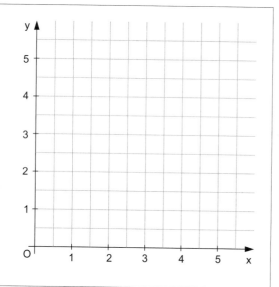

Aufgabe 9

Der Tank von Pattys Auto fasst 40 Liter Benzin. Kreuze an, wie viel Benzin gemäß der Anzeige noch ungefähr im Tank von Pattys Auto ist.

☐ 12 ℓ   ☐ 15 ℓ   ☐ 22 ℓ   ☐ 29 ℓ   ☐ 32 ℓ

Die leuchtenden Lämpchen geben den Füllstand an.

Aufgabe 10

Welche Zeichnung enthält ausschließlich alle richtigen Symmetrieachsen des Rechtecks? Kreuze die korrekte Antwort an.

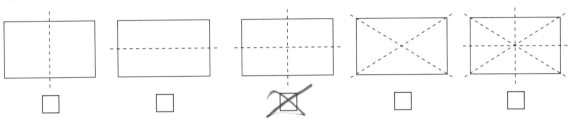

Aufgabe 11

Setze Klammern so, dass die Rechnung stimmt.

$(20 \cdot 63) - (59 + 16) = 400$

Aufgabe 12

Wie viele natürliche zweistellige Zahlen gibt es, bei denen die Zehnerziffer um eins größer ist als die Einerziffer?

Aufgabe 13

Ein DIN-A4-Blatt wird an die abgebildete Pinnwand geheftet. Ermittle die ungefähre Breite der Pinnwand.

Aufgabe 14

Welches Volumen **in Liter** hat der abgebildete Messbecher?

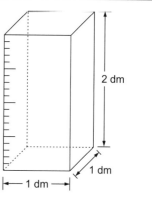

Angegeben sind die Innenmaße.

V = _____

Aufgabe 15

Die Talstation einer Seilbahn liegt 1 000 Meter und die Bergstation 2 200 Meter über dem Meeresspiegel. Auf halber Höhe ist eine Mittelstation geplant.
Wie hoch über dem Meeresspiegel muss diese liegen?

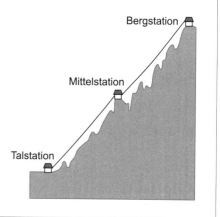

Aufgabe 16

Die Streifen nebenstehender Fahne sollen blau, grün oder gelb eingefärbt werden.
Wie viele verschiedene Kombinationsmöglichkeiten gibt es, wenn jeder der drei Streifen eine andere Farbe haben soll?

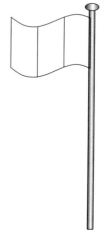

Aufgabe 17

Die Ergebnisse sind durcheinander geraten. Ordne den Produkten die richtigen Werte zu.
Tipp: Nutze den Überschlag.

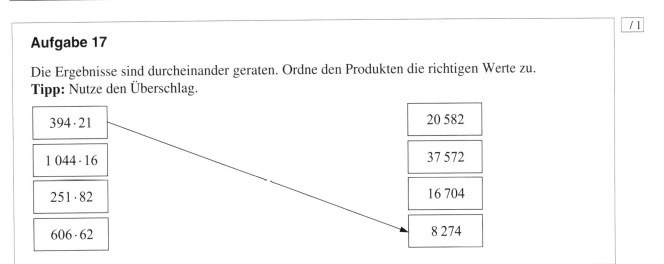

Aufgabe 18

Ergänze vier **unterschiedliche** Faktoren so, dass das Gleichheitszeichen gilt.

$50 \cdot 12 =$ _____ $\cdot$ _____ $\cdot$ _____ $\cdot$ _____

Aufgabe 19

Aus einem der abgebildeten Netze A, B oder C wurde ein Würfel gebaut. Mit diesem Würfel wurde mehrmals gewürfelt.
Im nebenstehenden Balkendiagramm sind die absoluten Häufigkeiten der gewürfelten Augenzahlen dargestellt.
Aus welchem Netz wurde der Würfel gebaut?
Begründe deine Antwort.

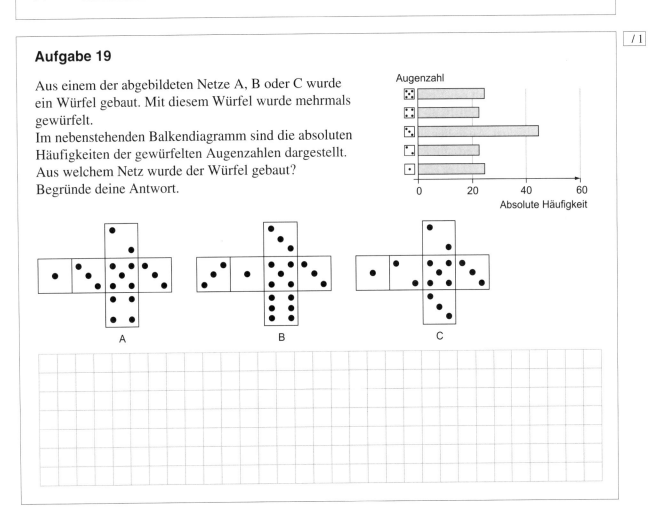

Aufgabe 20

Peter: „Julia bekommt mehr als doppelt so viel Taschengeld wie Markus."
Isabelle: „Das stimmt nicht!"

Wer von den beiden hat Recht?
Begründe deine Antwort.

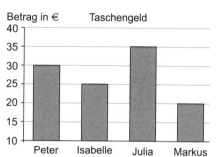

Aufgabe 21

Zu einem Schulfest möchte die Klasse 5a selbstgemachte Pizza verkaufen und diese möglichst frisch zubereiten. Um welche Uhrzeit müssen die Schüler spätestens mit der Vorbereitung beginnen, wenn die erste Pizza um 14:30 Uhr fertig sein soll?

Für das Verkneten, Ausrollen und Belegen des Teiges planen die Schüler insgesamt 8 Minuten ein.

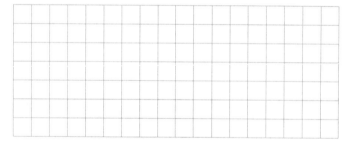

Hefe 5 Minuten in warmem Wasser auflösen und mit Mehl und Salz verkneten.

Den Teig 20 Minuten zugedeckt ruhen lassen und im Anschluss Öl und nochmals Wasser hinzugeben.

Danach erneut kneten und anschließend weitere 45 Minuten ruhen lassen.

Den Teig ausrollen und nach Belieben belegen.

Die Pizza 12 Minuten lang bei 260 °C backen.

Lösungen

Aufgabe 1

8 h 5 min

Hinweise und Tipps

1. Möglichkeit:
Von 22:25 Uhr bis 23:00 Uhr → 35 min
Von 23:00 Uhr bis 6:00 Uhr → 7 h
Von 6:00 Uhr bis 6:30 Uhr → 30 min
                              _____
                              7 h 65 min → 8 h 5 min

2. Möglichkeit:
Von 22:25 Uhr bis 6:25 Uhr → 8 h
Von 6:25 Uhr bis 6:30 Uhr → 5 min
                              _____
                              8 h 5 min

Aufgabe 2

z. B.:

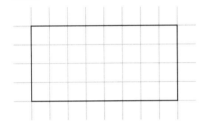

Die beiden Seiten a und b sind zusammen halb so lang wie der Umfang des Rechtecks (u = 12 cm):
$2 \cdot (a+b) = 12$ cm $\Rightarrow$ $a+b = 6$ cm oder $2a + 2b = 12$ cm $\Rightarrow$ $a+b = 6$ cm

Damit ergeben sich folgende mögliche Kombinationen:

 1 + 5

2 + 4

1,5 + 4,5

2,5 + 3,5

3 + 3
(Das Quadrat ist der Sonderfall des Rechtecks.)

Aufgabe 3

32

Auf jeder der 6 Seitenflächen fehlen 4 Würfel: $6 \cdot 4 = 24$ Würfel
In der Mitte fehlt ein großer Würfel mit einer
Kantenlänge von 2 kleinen Würfeln: $2 \cdot 2 \cdot 2 = 8$ Würfel
                                      _____
                                      32 Würfel

Aufgabe 4

102 kg

1,047 t = 1 047 kg Einfahrgewicht
         − 945 kg Ausfahrgewicht
         _____
           102 kg Sperrmüllgewicht

Jahrgangsstufentest Mathematik 6. Klasse – 2011: Lösungen

Aufgabe 5

$A = 11 \text{ cm}^2$

Hinweise und Tipps

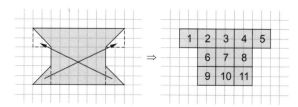

Aufgabe 6

z. B.:
Erste Zahl: 874
Zweite Zahl: 125

Zur Verfügung stehende Ziffern: 1, 2, 3, 4, 5, 7, 8
Überlege, welche zwei Ziffern als Summe 9 ergeben:
$4 + 5 = 9 \quad 1 + 8 = 9 \quad 2 + 7 = 9$
Wenn du die 5 an die 1. Stelle der einen Zahl setzt, musst du die 4 an die 1. Stelle der anderen Zahl setzen usw.

Aufgabe 7

☐ 24 000 Sekunden
☒ **2 400 Minuten**
☐ 24 Stunden

Rechne die Zahlen in die gleiche Einheit um, um sie vergleichen zu können:
24 000 Sekunden : 60 = 400 Minuten
                  = 2 400 Minuten → längste Zeitdauer
24 Stunden · 60   = 1 440 Minuten

Aufgabe 8

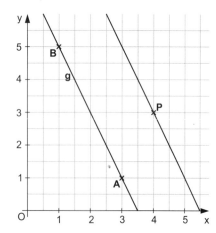

Trage erst die Rechtswertachse (= x-Achse), dann die Hochwertachse (= y-Achse) an: (x | y)
Zeichne die Parallele mithilfe der Linien auf dem Geodreieck ein.

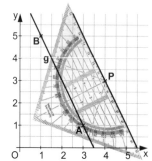

Aufgabe 9

☒ **22 ℓ**

Ist der Tank mit 40 ℓ gefüllt, leuchten in der Tankanzeige 10 Lämpchen. Also geht immer 1 Lämpchen aus, wenn 4 ℓ verbraucht sind.

Auf dem Bild leuchten 6 Lämpchen, d. h., es befinden sich hier höchstens 6 · 4 ℓ = 24 ℓ im Tank. Das nächste Lämpchen geht aus, wenn nur noch 5 · 4 ℓ = 20 ℓ im Tank sind. Es müssen also zwischen 20 ℓ und 24 ℓ im Tank sein.

Damit ist 22 ℓ die Lösung.

Jahrgangsstufentest Mathematik 6. Klasse – 2011: Lösungen

✏ Hinweise und Tipps

Aufgabe 10

1. Bild: Die waagrechte Symmetrieachse fehlt.
2. Bild: Die senkrechte Symmetrieachse fehlt.
4. Bild: Die Diagonalen sind im Rechteck keine Symmetrieachsen.
5. Bild: Die Diagonalen sind zu viel, sie sind keine Symmetrieachsen.
⇒ Das 3. Bild ist die richtige Lösung.

Aufgabe 11

$20 \cdot (63 - 59 + 16) = 400$

Betrachte die Rechnung. Du weißt:
$20 \cdot 20 = 400$

Berechne $63 - 59 + 16$:
$63 - 59 = 4$; $4 + 16 = 20$
⇒ $20 \cdot (63 - 59 + 16) = 400$

Aufgabe 12

9

Zähle alle zweistelligen Zahlen auf, bei denen die Zehnerziffer um eins größer ist als die Einerziffer:
10, 21, 32, 43, 54, 65, 76, 87, 98

Aufgabe 13

z. B.:
86 cm

Ein DIN-A4-Blatt hat eine Breite von ca. 21 cm. Im Bild ist es 1 cm breit.
Die Pinnwand ist im Bild 4 cm breit, also 4-mal so breit wie das Blatt. Also ist sie in Wirklichkeit ca. 4 · 21 cm = 84 cm breit.
Akzeptiert wurde der Bereich 80 cm bis 91 cm.

Aufgabe 14

$V = 2 \ell$

$V = \text{Länge} \cdot \text{Breite} \cdot \text{Höhe} = 1 \text{ dm} \cdot 1 \text{ dm} \cdot 2 \text{ dm} = 2 \text{ dm}^3$
Es gilt: $1 \text{ dm}^3 = 1 \ell$

Aufgabe 15

1 600 m

Auf halber Höhe zwischen Bergstation und Talstation soll die Mittelstation liegen. Höhenunterschied zwischen Bergstation und Talstation:
2 200 m − 1 000 m = 1 200 m

Halbe Höhe zwischen Bergstation und Talstation:
1 200 m : 2 = 600 m

Die Mittelstation liegt 600 m über der Talstation:
1 000 m + 600 m = 1 600 m

Aufgabe 16

6

1. Streifen: 3 Möglichkeiten
2. Streifen: 2 Möglichkeiten   } 3 · 2 · 1 = 6 Möglichkeiten
3. Streifen: 1 Möglichkeit

Jahrgangsstufentest Mathematik 6. Klasse – 2011: Lösungen

Hinweise und Tipps

Aufgabe 17

394 · 21	→	20 582
1 044 · 16	→	37 572
251 · 82	→	16 704
606 · 62	→	8 274

(Zuordnung über Kreuz entsprechend dem Überschlag)

Überschlag
$394 \cdot 21 \approx 400 \cdot 20 = 8\,000$

$1\,044 \cdot 16 \approx 1\,000 \cdot 16 = 16\,000$

$251 \cdot 82 \approx 250 \cdot 80 = 20\,000$

$606 \cdot 62 \approx 600 \cdot 60 = 36\,000$

Aufgabe 18

z. B.:
$50 \cdot 12 = 50 \cdot 1 \cdot 2 \cdot 6$

Hier musst du einfach die beiden Zahlen in Faktoren zerlegen:
$50 = 50 \cdot 1 = 5 \cdot 10 = 2 \cdot 25$
$12 = 12 \cdot 1 = 6 \cdot 2 = 3 \cdot 4$
Aus diesen Faktoren kannst du kombinieren.

Aufgabe 19

z. B.:
Der Würfel wurde aus Netz A gebaut.
Mit einem aus den Netzen B oder C gebauten Würfel kann die Augenzahl Vier nicht gewürfelt werden, weil sie auf dem Netz gar nicht vorkommt.

Aufgabe 20

z. B.:
Isabelle hat Recht. Markus erhält 20 € und Julia 35 €, also weniger als das Doppelte.

Aus dem Diagramm kannst du herauslesen, dass Julia 35 € erhält und Markus 20 €.
$35 \, € < 2 \cdot 20 \, €$
$\Rightarrow$ Isabelle hat Recht.

Aufgabe 21

Um 13:00 Uhr.

1. 5 min
2. 20 min
3. 45 min
4. 8 min   (siehe Text)
5. 12 min

90 min = 1 h 30 min

Die Vorbereitung der Pizza dauert ca. 1 h 30 min und soll um 14:30 Uhr abgeschlossen sein.
Die Schüler müssen also um 13:00 Uhr beginnen.

Notizen

Sicher durch alle Klassen

Schülergerecht aufbereiteter Lernstoff mit anschaulichen Beispielen, abwechslungsreichen Übungen und erklärenden Lösungen <u>zum selbstständigen Lernen</u> zu Hause. Schließt Wissenslücken und gibt Sicherheit und Motivation durch Erfolgserlebnisse.

Mathematik Realschule

Mathematik Grundwissen 5. Klasse	Best.-Nr. 91410
Mathematik Grundwissen 6. Klasse	Best.-Nr. 914056
Mathematik Grundwissen 7. Klasse	Best.-Nr. 914057
Mathematik Grundwissen 8. Klasse Wahlpflichtfächergruppe I und II/III	Best.-Nr. 91406
Mathematik Grundwissen 8. Klasse Wahlpflichtfächergruppe II/III	Best.-Nr. 91419
Übungsaufgaben Mathematik I 9. Klasse – Realschule Bayern	Best.-Nr. 91405
Übungsaufgaben Mathematik II/III 9. Klasse – Realschule Bayern	Best.-Nr. 91415
Mathematik Grundwissen 10. Kl. II/III	Best.-Nr. 91417
Funktionen 8.–10. Klasse	Best.-Nr. 91408
Übertritt in weiterführende Schulen	Best.-Nr. 90001
Übertritt Mathematik 4. Klasse	Best.-Nr. 9950401

Physik Realschule

Physik – Übertritt in die Oberstufe	Best.-Nr. 80301

Deutsch Realschule

Deutsch Grundwissen 5. Klasse	Best.-Nr. 91445
Deutsch Grundwissen 6. Klasse	Best.-Nr. 91446
Deutsch Grundwissen 7. Klasse	Best.-Nr. 91447
Deutsch Grundwissen 8. Klasse	Best.-Nr. 91448
Rechtschreibung und Diktat 5./6. Klasse mit CD	Best.-Nr. 90408
Aufsatz 7./8. Klasse	Best.-Nr. 91442
Deutsch Rechtschreibung 5.–10. Klasse	Best.-Nr. 934411
Erörterung und Textgebundener Aufsatz 9./10. Klasse	Best.-Nr. 91441
Deutsch 9./10. Klasse Journalistische Texte lesen, auswerten, schreiben	Best.-Nr. 81442
Übertritt in die Oberstufe	Best.-Nr. 90409

Englisch Realschule

Englisch Grundwissen 5. Klasse	Best.-Nr. 91458
Englisch Grundwissen 6. Klasse	Best.-Nr. 91459
Englisch Grundwissen 7. Klasse	Best.-Nr. 914510
Englisch Grundwissen 8. Klasse	Best.-Nr. 914511
Englisch Grundwissen 9. Klasse	Best.-Nr. 914512
Englisch Grundwissen 10. Klasse	Best.-Nr. 90510
Training Englisch Wortschatz Mittelstufe	Best.-Nr. 91455
Englisch – Hörverstehen 10. Kl. mit CD	Best.-Nr. 91457
Englisch – Übertritt in die Oberstufe	Best.-Nr. 82453

Französisch Realschule

Französisch Grundwissen im 1. Lernjahr	Best.-Nr. 91462
Französisch – Sprechfertigkeit 10. Klasse mit Audio-CD	Best.-Nr. 91461
Rechtschreibung und Diktat 1./2. Lernjahr mit 2 CDs	Best.-Nr. 905501
Wortschatzübung Mittelstufe	Best.-Nr. 94510

BWL/Rechnungswesen

Betriebswirtschaftslehre/Rechnungswesen Grundwissen 8. Klasse Realschule Bayern	Best.-Nr. 91473
Lösungsheft zu Best.-Nr. 91473	Best.-Nr. 91473L
Betriebswirtschaftslehre/Rechnungswesen Grundwissen 9. Klasse Realschule Bayern	Best.-Nr. 91471
Lösungsheft zu Best.-Nr. 91471	Best.-Nr. 91471L
Betriebswirtschaftslehre/Rechnungswesen Grundwissen 10. Klasse Realschule Bayern	Best.-Nr. 91472
Lösungsheft zu Best.-Nr. 91472	Best.-Nr. 91472L

Schulaufgaben Realschule

Mathematik 5. Klasse	Best.-Nr. 910001
Mathematik 6. Klasse	Best.-Nr. 910002
Mathematik 7. Klasse I	Best.-Nr. 910003
Mathematik 7. Klasse I/III	Best.-Nr. 910004
Mathematik 8. Klasse II/III	Best.-Nr. 910006
Mathematik 9. Klasse I	Best.-Nr. 910007
Mathematik 9. Klasse II/III	Best.-Nr. 910008
Deutsch 5. Klasse	Best.-Nr. 1014051
Deutsch 7. Klasse	Best.-Nr. 1014071
Englisch 6. Klasse	Best.-Nr. 1015561
Englisch 9. Klasse	Best.-Nr. 1015591
Französisch 9. Klasse	Best.-Nr. 1015301

Sprachenzertifikat · DELF

Englisch Niveau B1 mit Audio-CD	Best.-Nr. 105550
Englisch Niveau A2 mit Audio-CD	Best.-Nr. 105552
Französisch DELF B1 mit MP3-CD	Best.-Nr. 105530

Jahrgangsstufentests und VERA 8

Bayerischer Mathematik-Test (BMT) 6. Klasse Realschule Bayern	Best.-Nr. 915061
Bayerischer Mathematik-Test (BMT) 8. Klasse Realschule Bayern	Best.-Nr. 915081
Training VERA 8 – Mathematik Version B: Realschule	Best.-Nr. 915082
Jahrgangsstufentest Deutsch 6. Klasse Realschule Bayern	Best.-Nr. 915461
Jahrgangsstufentest Deutsch 8. Klasse Realschule Bayern	Best.-Nr. 915481
Training VERA 8 – Deutsch mit MP3-CD Version B: Realschule	Best.-Nr. 915482
Jahrgangsstufentest Englisch 7. Klasse mit CD Realschule Bayern	Best.-Nr. 915571
Training VERA 8 – Englisch mit MP3-CD Version B: Realschule	Best.-Nr. 915582

Arbeitshefte Realschule

Arbeitsheft VERA 8 Mathematik Version B: Realschule	Best.-Nr. 9150001
Arbeitsheft VERA 8 Deutsch Version B: Realschule mit MP3-CD	Best.-Nr. 9154005
Arbeitsheft Deutsch 10. Klasse Realschule Mensch und Natur – Recht und Gerechtigkeit	Best.-Nr. 9154015
Arbeitsheft Deutsch 10. Klasse Realschule Massenmedien – Stereotype/Vorurteile	Best.-Nr. 9154011
Arbeitsheft VERA 8 Englisch Version B: Realschule mit MP3-CD	Best.-Nr. 9155005
ohne MP3-CD	Best.-Nr. 9155001
Arbeitsheft Bildungsstandards Englisch *Reading* Mittlerer Schulabschluss B1	Best.-Nr. 101550

Kompakt-Wissen Realschule

Kompakt-Wissen Mathematik 5.–10. Kl.	Best.-Nr. 914001
Kompakt-Wissen Deutsch Aufsatz	Best.-Nr. 914401
Kompakt-Wissen Deutsch Rechtschreibung	Best.-Nr. 944065
Kompakt-Wissen Engl. Themenwortschatz	Best.-Nr. 914501
Kompakt-Wissen Engl. Grundwortschatz	Best.-Nr. 914502
Kompakt-Wissen Französisch	Best.-Nr. 915001
Kompakt-Wissen Geschichte	Best.-Nr. 914801
Kompakt-Wissen Sozialkunde	Best.-Nr. 914082

Von der Schule in den Beruf

- ✔ Bewerbungsmappen schreiben und gestalten
- ✔ Erfolgreich ins Vorstellungsgespräch
- ✔ Einstellungstests trainieren
- ✔ Weitere Titel unter: **www.berufundkarriere.de**

Die perfekte Bewerbungsmappe für Ausbildungsplatzsuchende mit CD-ROM	Best.-Nr. E10003
Testtraining für Ausbildungsplatzsuchende	Best.-Nr. E10202
Hesse/Schrader – Training Schriftliche Bewerbung mit CD-ROM	Best.-Nr. E10062
Hesse/Schrader – Training Vorstellungsgespräch mit CD-ROM	Best.-Nr. E10063

(Bitte blättern Sie um)

Original-Prüfungsaufgaben und Training für die Prüfung

Training Abschlussprüfung

Ideal für Schülerinnen und Schüler der Klassen 9 und 10 zur langfristigen und nachhaltigen Vorbereitung auf die Abschlussprüfung an Realschulen in Bayern.

Training Abschlussprüfung Englisch Realschule Bayern.
Umfangreiches Training zu allen Fertigkeitsbereichen der schriftlichen und mündlichen Abschlussprüfung, bereits ab der 9. Klasse einsetzbar: *Listening, Reading, Use of English, Writing, Speaking*. Mit Strategien und Tipps zum Lösen typischer Aufgabenstellungen. Zusätzlich die Original-Prüfungsaufgaben 2011. Herausnehmbares Lösungsheft mit ausführlichen Lösungen zu allen Aufgaben. Zusätzlich mit Hörverstehenstexten auf MP3-CD.
■ .... Best.-Nr. 915502
ohne MP3-CD
■ .... Best.-Nr. 915501

Training Abschlussprüfung Mathematik I Realschule Bayern
Zur langfristigen Prüfungsvorbereitung. Ausführlicher Trainingsteil zur Wiederholung des prüfungsrelevanten Grundwissens sowie komplexe Aufgaben, Aufgaben im Stil der Prüfung und die Original-Prüfung 2011. Lösungen im separaten Lösungsheft. Erscheint im November 2011.
■ .... Best.-Nr. 915101

Training Abschlussprüfung Mathematik II/III Realschule Bayern
Einsetzbar ab der 9. Klasse zur langfristigen Vorbereitung auf die Abschlussprüfung. Enthält einen ausführlichen Trainingsteil zur Wiederholung des prüfungsrelevanten Grundwissens Zusätzlich komplexe Aufgaben, Aufgaben im Stil der Prüfung und die Original-Abschlussprüfung 2011. Separates Lösungsheft mit vollständig ausgearbeiteten Lösungen zu allen Aufgaben mit Hinweisen und Tipps.
■ .... Best.-Nr. 915111

Training Abschlussprüfung Deutsch Realschule Bayern
Umfassendes Training zu allen Aufgaben und Kompetenzbereichen der Realschulabschlussprüfung: Erörterung mit und ohne Informationsmaterial, Textgebundener Aufsatz inkl. weiterführender Schreibaufgabe. Mit kleinschrittigen Übungen zur Stoffsammlung, Gliederung und Ausarbeitung von Aufsätzen. Enthält 8 Übungsaufgaben im Stil der Abschlussprüfung und die Original-Prüfungsaufgaben 2011. Ausführliche Lösungen zu allen Aufgaben mit hilfreichen Hinweisen im separaten Lösungsheft.
■ .... Best.-Nr. 915441

Natürlich führen wir noch mehr Titel für alle Fächer und Stufen: Alle Informationen unter www.stark-verlag.de

Abschluss-Prüfungsaufgaben

Fachbände mit vielen Jahrgängen der zentral gestellten Prüfungsaufgaben an Realschulen in Bayern, einschließlich des aktuellen Jahrgangs. Dazu schülergerechte und ausführliche Lösungswege zu allen Aufgaben.

Abschlussprüfung Mathematik I Realschule Bayern
2005–2011: Mit vollständigen Lösungen. Zusätzlich 2001–2004 auf CD-ROM. Dazu 83 auch praxisorientierte Übungsaufgaben zu allen prüfungsrelevanten Themen. Zusätzlich Aufgabenbeispiele für Pflicht- und Wahlteil wie in der Abschlussprüfung.
■ .... Best.-Nr. 91500

Abschlussprüfung Mathematik II/III Realschule Bayern
2006–2011: Mit vollständigen Lösungen. Zusätzlich 2002–2005 auf CD-ROM. Dazu zahlreiche auch praxisorientierte Übungsaufgaben zu allen prüfungsrelevanten Themen sowie Aufgabenbeispiele für Teil A und B der Abschlussprüfung.
■ .... Best.-Nr. 91511

Abschlussprüfung Physik Realschule Bayern
Enthält die Abschluss-Prüfungsaufgaben der Jahrgänge 2004 bis 2011 sowie eine umfangreiche Sammlung von Übungsaufgaben zu allen prüfungsrelevanten Themen. Dazu schülergerechte, vollständige Lösungen mit Tipps zum Lösen der Aufgaben sowie wertvolle Hinweise zum Prüfungsablauf.
■ .... Best.-Nr. 91530

Abschlussprüfung Deutsch Realschule Bayern
2007 bis 2011: Original-Prüfungsaufgaben und Musterlösungen mit Hinweisen zum Erschließen des Themas und zur Stoffsammlung, Vorschlägen zur Gliederung und vielen kommentierten Aufsatzbeispielen. Zudem grundlegendes Wissen und Übungsaufgaben zur Erörterung mit und ohne Informationsmaterial und zum Textgebundenen Aufsatz.
■ .... Best.-Nr. 91544

Abschlussprüfung Englisch Realschule Bayern
2005–2011: Mit ausführlichen, schülergerechten Lösungen und hilfreichen Hinweisen und Tipps sowie Übungsaufgaben zu *Reading*, Sprachmittlung, *Writing* und *Speaking*. Zusätzlich eine systematisch aufgebaute Kurzgrammatik zu allen prüfungsrelevanten Grammatikbereichen.
■ .... Best.-Nr. 91550

Abschlussprüfung Englisch Realschule Bayern
2005–2011: Zusätzlich mit den offiziellen Hörverstehenstests zur intensiven Vorbereitung auf den *Listening Test*. Mit MP3-CD.
■ .... Best.-Nr. 91552

Abschlussprüfung BwR Realschule Bayern
2006–2011: Original-Prüfungsaufgaben mit vollständigen und schülergerechten Lösungen. Zusätzliches Übungsmaterial und eine prägnante Wiederholung des gesamten Abschlussprüfungsstoffs (8. bis 10. Klasse). Mit Formelanhang und Schemaansätzen.
■ .... Best.-Nr. 91570

Abschlussprüfung Französisch Realschule Bayern
2006–2011: Original-Prüfungsaufgaben der vergangenen Jahre. Mit vollständigen Lösungen und zusätzlichen Hinweisen und Tipps für die Prüfung. Außerdem Übungsaufgaben zur mündlichen Prüfung (*Exercice en interaction, Expression d'un point de vue*). Inklusive MP3-CD mit Hörverstehenstexten.
■ .... Best.-Nr. 91553

Abschlussprüfung Sozialwesen Realschule Bayern
2000–2011: Mit Lösungen. Dazu relevante Begriffe aus dem Grundwissen mit Erklärungen sowie Hinweise zur neuen Abschlussprüfung seit 2009 mit Musteraufgabe.
■ .... Best.-Nr. 91580

Abschlussprüfung Haushalt und Ernährung Realschule Bayern
2004–2010: Prüfungsaufgaben mit vollständigen Lösungen und hilfreichen Tipps. Dazu ein Leitfaden zur praktischen und schriftlichen Prüfung, eine Übersicht der prüfungsrelevanten Themengebiete und ein Glossar zu den wichtigsten Fachausdrücken.
■ .... Best.-Nr. 91595

Abschlussprüfung Kunst Realschule Bayern
2006–2011: Mit schülergerechten Lösungen. Zusätzlich grundlegendes Wissen zum theoretischen und praktischen Teil der Prüfung sowie Übungsaufgaben zu den prüfungsrelevanten Themen und Epochen. Zu allen Aufgaben hilfreiche Tipps; mit farbigen Abbildungen und Register.
■ .... Best.-Nr. 91596

Abschlussprüfung Werken Realschule Bayern
Original-Prüfungsaufgaben der Jahrgänge 2005 bis 2011 mit vollständigen, schülergerechten Lösungen. In einem umfangreichen Glossar werden sämtliche für die Abschlussprüfung relevanten Fachbegriffe erklärt. Mit Werkzeugliste für alle Stoffe und Arbeitstechniken.
■ .... Best.-Nr. 91594

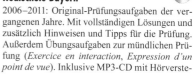

Bestellungen bitte direkt an: STARK Verlagsgesellschaft mbH & Co. KG · Postfach 1852 · 85318 Freising
Tel. 0180 3 179000* · Fax 0180 3 179001* · www.stark-verlag.de · info@stark-verlag.de
*9 Cent pro Min. aus dem deutschen Festnetz, Mobilfunk bis 42 Cent pro Min. Aus dem Mobilfunknetz wählen Sie die Festnetznummer: 08167 9573-0

Lernen ▪ Wissen ▪ Zukunft